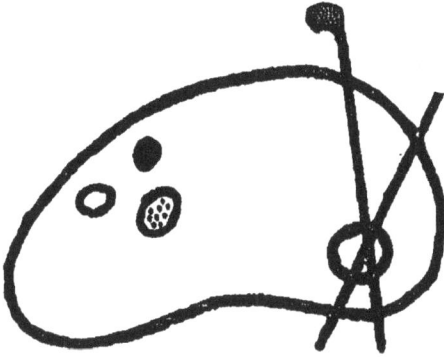

Couvertures supérieure et inférieure
en couleur

JEANNE
DE BELLEMARE

ou

L'ORPHELINE DE VERNEUIL

PAR

STEPHANIE ORY

ALFRED MAME et FILS
éditeurs
TOURS

OUVRAGES DE LA MÊME COLLECTION
FORMAT IN-8° — 8° SÉRIE

AMIES D'ENFANCE, par Mme S. de Lataing.
ANNE DE BRETAGNE, REINE DE FRANCE (histoire d', par J.-J.-E. Roy.
ARTS ET MÉTIERS (les), par A. Labouche.
BERTHE, ou les Suites d'une indiscrétion, par Mme L. Roteldieu-d'Auvigny
BLANCHE DE MAUSILLY, Épisode de la révolution, par M. Albert Richard.
BOUGAINVILLE, par J.-J.-E. Roy.
CASSILDA, ou la Princesse maure de Tolède, d'après une légende espagnole
    imité de l'allemand par M. l'abbé G. A. L.
CENT MERVEILLES DES SCIENCES ET DES ARTS, par M. de Marlès.
CENT MERVEILLES DE LA NATURE, par M. de Marlès.
CHRÉTIENS ET HOMMES CÉLÈBRES AU XIX° SIÈCLE, par l'abbé A. Baraud.
    Première série.
CHRÉTIENS ET HOMMES CÉLÈBRES AU XIX° SIÈCLE, par l'abbé A. Baraud.
    Deuxième série.
CHRÉTIENS ET HOMMES CÉLÈBRES AU XIX° SIÈCLE, par l'abbé A. Baraud
    Troisième série.
CLOCHER DU VILLAGE (le), par C. Guenot.
CONFESSIONS D'UN MENDIANT (les), par Jean Grange.
DUGUAY-TROUIN, par Frédéric Koenig.
ÉDUCATION D'YVONNE (l'), (Dix ans.) Par Mlle Julie Gouraud.
ÉGLISE AFRICAINE ANCIENNE ET MODERNE (l'), par Jean du Prats.
ENFANTS DU CHEVALIER (les), récit du temps passé, imité de Paul Hermann,
    par J. de Rochay.
FÊTE DE LA MAISON (la), par Marthe Bertin.
FERMIÈRE DE KERSAINT (la), Nouvelle villageoise, par E. Delauney.
FILLE DU NOTAIRE (la), par lady Fullerton, traduit de l'anglais par Fitz-Gerald.
FILLE DU PÊCHEUR (la), par Mme Valentine Vattier.
GRANDES JOURNÉES DE LA CHRÉTIENTÉ (des), première période, par Hervé-
    Bazin.
HISTOIRE D'UNE JEUNE FILLE PAUVRE, par Théodore Bahon.
JEAN BART, par Frédéric Koenig.
JEANNE DE BELLEMARE, ou l'Orpheline de Verneuil, par Stéphanie Ory.
JEUNESSE DE MICHEL-ANGE (la), Coup d'œil sur ses principaux ouvrages
    par Frédéric Koenig.
JOUR DE NAISSANCE (le), traduit de l'anglais par Jacques d'Albrenne.
LA TOUR D'AUVERGNE, par Frédéric Koenig.
LAURENTIA, Épisode de l'histoire du Japon au XVI° siècle, par lady G. Ful-
    lerton, traduit de l'anglais par W. Fitz-Gerald.
LÉONARD DE VINCI, par Frédéric Koenig.
MANUSCRIT D'UNE FEMME AIMABLE (le), Souvenirs de jeunesse racontés
    par une vieille dame, par Remy d'Alta-Rocca.
MARCHAND D'ANTIQUITÉS (le), par E. Delauney.
MARGUERITE D'ANJOU (histoire de), par J.-J.-E. Roy.
MAURITA, par W. Herchenbach; traduit, avec l'autorisation de l'auteur
    par Mme Simons.
MARINS CÉLÈBRES DE LA FRANCE (les), par A. Lemercier.
MEILLEURE PART (la), Scènes de la vie réelle, par Mme V. Vattier.
MES BELLES ANNÉES, Tablettes d'une jeune fille, par Théodore Bahon.
MÉTAYER DU ROSSIGNOL (le), par F.-A. Robischung.
PEAU-DE-MOUTON, par Roger Dombre.
RÉCITS DU XVII° SIÈCLE, Histoires et anecdotes, par Mme Marie-Félicie Testas
RÉCITS LÉGENDAIRES, par Alfred des Essarts.
RÉGISVINDIS, par Paul Lang; traduit par Louis de Hessem.
TROP SAVANTE, par Lucien Parville.
UN EXIL, Roman historique, par Jeanne l'Ermite.
UNE SŒUR, par Pierre d'Arlay.
VACANCES D'YVONNE (les), [Douze ans.] Par Mlle Julie Gouraud.
VILLE ENCHANTÉE (la), Voyage au lac Tanganika, par M. Prévost-Duclos.
VOYAGES ET AVENTURES DU CAPITAINE COOK, par Henri Lebrun.
WALTER DE LISLE, traduit de l'anglais par W. Fitz-Gerald.

JEANNE

DE BELLEMARE

3ᵉ SÉRIE IN-8°

La maîtresse de l'hôtel restait en haut du perron, et son mari
se tenait derrière elle. (P. 7.)

JEANNE

DE BELLEMARE

OU

L'ORPHELINE DE VERNEUIL

PAR

STÉPHANIE ORY

SEPTIÈME ÉDITION

TOURS

ALFRED MAME ET FILS, ÉDITEURS

M DCCC XCIV

JEANNE
DE BELLEMARE

PREMIÈRE PARTIE

I

Vente du mobilier aux enchères après décès et faillite. —
M. et M⁐ de Savigny.

Par une belle journée du mois de septembre 1836,
une chaise de poste arrivant par la route de Dreux
s'arrêtait devant l'hôtel du Grand-Alexandre, à Verneuil. Aux clic-clac du postillon, deux servantes,
le sourire aux lèvres, accoururent pour recevoir
les voyageurs, tandis que la maîtresse de l'hôtel,
pour ne pas déroger à sa dignité, restait au haut
du perron, que son mari, qui remplissait les
fonctions de cuisinier, se tenait derrière elle, entièrement caché par l'ampleur des vêtements de sa
femme, et allongeait par-dessus son épaule sa tête
coiffée du traditionnel bonnet de coton.

Deux personnes occupaient la voiture : une dame qui paraissait encore jeune, et un homme d'un certain âge, qu'on pouvait prendre pour son père ou peut-être pour son mari. Ni l'un ni l'autre ne se montraient disposés à descendre, ou plutôt ils semblaient agiter cette question avec une certaine vivacité, surtout de la part de la dame. Le postillon, resté sur son cheval, attendait les ordres de ses voyageurs en sifflant et en regardant d'un air narquois les deux servantes, l'hôte et l'hôtesse du Grand-Alexandre, qui tremblait de voir cette proie leur échapper. Enfin le monsieur, s'étant penché en dehors de la portière de gauche, cria au postillon : « Conduisez-nous chez M. de Bellemare, le banquier.

— Connais pas, répondit le postillon, attendu qu'il n'y a pas longtemps que j'faisons ce relais; mais c'est égal, not'bourgeois, on va s'informer, et l'on vous mènera rondement ousque vous allez. » Puis s'adressant aux servantes : « Ohé! vous autres, dit-il, indiquez-moi donc ousque demeure M. le banquier Bonnemarre.

— Bellemare, rectifia le voyageur.

— Bellemare, soit, not'bourgeois. Mais répondez donc, vous autres, au lieu de vous regarder d'un air étonné comme si l'on parlait hébreu. »

Le fait est que les servantes, en entendant la demande du postillon, au lieu de lui répondre, avaient paru éprouver la plus vive surprise; elles ne répondirent pas davantage à sa nouvelle injonction, et se tournèrent du côté de leur maîtresse, pour lui demander conseil.

Celle-ci, qui avait tout entendu, comprit qu'il y avait quelque quiproquo, et, franchissant les marches de son perron avec une légèreté qu'on n'eût pas attendue de son énorme embonpoint, elle s'approcha de la portière de droite, du côté de la dame, et, prenant son air le plus gracieux, elle lui dit : « Probablement que le postillon aura mal entendu les ordres de Madame. C'est sans doute à la vente du mobilier de M. de Bellemare que Madame veut aller ; mais ce n'est pas dans son ancien domicile qu'elle a lieu. D'ailleurs elle est suspendue dans ce moment ; car il n'y a que deux vacations par jour : la première est terminée, et la seconde ne recommencera qu'à trois heures. Ainsi, il n'est qu'une heure, et Madame a encore deux heures à attendre. Si pendant ce temps-là elle veut venir se reposer à l'hôtel ?...

— Mais de quelle vente me parlez-vous, ma bonne femme ? » interrompit la dame, qui avait écouté d'un air distrait ce que venait de lui débiter l'hôtesse avec une volubilité étourdissante.

« Mais, continua l'hôtesse sur le même ton, je parle de la vente du mobilier de M. de Bellemare, le banquier, dont le postillon demandait tout à l'heure le domicile pour y conduire Madame. C'est un mobilier magnifique ; beaucoup de bourgeois de Breteuil, de Dreux et même d'Évreux, sont venus pour en acheter quelques portions ; plusieurs de ces amateurs sont logés chez moi, et, en entendant Madame demander la maison de M. de Bellemare, j'ai pensé qu'elle était venue dans les mêmes intentions.

1*

— Comment ! M. de Bellemare vend son mobilier? s'écria l'étrangère d'un air stupéfait.

— Non, Madame, il ne le vend pas; c'est la justice qui le fait vendre.

— La justice! fit la dame avec un redoublement de surprise; mais ce n'est pas possible : il y a sans doute ici quelque méprise, et la personne dont la justice fait vendre le mobilier ne peut être M. de Bellemare, le riche banquier dont je demande l'adresse.

— Ma foi, Madame, je ne connais pas d'autre M. de Bellemare à Verneuil; et d'ailleurs, pour mieux vous renseigner, je vais vous montrer l'affiche imprimée de la vente; alors vous pourrez juger par vous-même si c'est bien la même personne. » En disant ces mots, elle tira de sa poche un placard plié en plusieurs doubles, l'ouvrit et le remit à l'étrangère. Celle-ci y jeta rapidement un coup d'œil, et, le passant à son compagnon de voyage, elle dit en poussant un profond soupir : « Cela n'est que trop vrai !... Lisez, Monsieur, et dites-moi si nous pouvions nous attendre à un pareil événement. »

Le monsieur ainsi interpellé mit ses lunettes, et lut à haute voix ces mots de sinistre augure écrits en gros caractères en tête du placard : DE PAR LE ROI, LA LOI ET JUSTICE. Puis venait le texte de l'affiche annonçant en style de pratique, qu'*en vertu d'un jugement en référé rendu à la requête de M...,* *syndic de la faillite du sieur Charles-Jules-Edmond* *de Bellemare, ci-devant banquier et propriétaire à* *Verneuil, département de l'Eure, arrondissement* *d'Évreux, il sera procédé, le 20 septembre prochain*

et jours suivants, s'il y a lieu, à la vente publique,
aux enchères, des meubles et effets mobiliers ayant
appartenu audit sieur de Bellemare, consistant...
Suivait le détail sommaire du mobilier, que déjà
l'étranger commençait à lire, quand sa compagne
l'interrompit : « Eh bien ! allez-vous me lire tout
ce fatras ? c'est bien de cela qu'il s'agit ! Voyons,
maintenant, qu'allons-nous faire ?

— Si vous n'aviez pas tant de répugnance à descendre dans une auberge, j'en reviendrais à ma
proposition de tout à l'heure, et nous nous arrête-
rions ici, au moins quelques instants, et jusqu'à ce
que nous ayons réfléchi sur le parti que nous avons
à prendre.

— Il le faut bien, dit la dame avec un soupir de
résignation, puisque nous ne pouvons faire autrement. » En même temps elle fit signe à l'hôtesse,
qui, pendant ce colloque, s'était tenue à distance
par discrétion, de s'approcher, et elle lui demanda
si elle avait un appartement convenable pour elle
et son mari.

« Je ne crains pas, répondit la digne femme en se
rengorgeant avec fierté, que Madame puisse trouver
quelque chose de mieux dans un autre hôtel de
Verneuil ni même du département ; d'ailleurs, si
Madame veut prendre la peine de visiter l'appartement que je lui destine, elle pourra en un clin
d'œil en juger par elle-même. » Et en même temps
elle ouvrait la portière et présentait la main à la
dame, qu'elle voyait se disposer à descendre.

Celle-ci, avant de suivre l'hôtesse, se retourna du
côté de son mari, qui déjà parlait de faire remiser

la voiture, et lui dit : « Ne vous pressez pas tant, monsieur de Savigny ; attendez au moins que j'aie vu si le logement nous convient.

— Comme il vous plaira, Madame ; vous savez que je suis toujours à vos ordres, » répondit humblement le docile mari.

Puisque nous savons les noms de nos deux voyageurs, comme ils jouent un rôle important dans notre récit, nous profiterons, pour faire plus ample connaissance avec eux, du temps que Mme de Savigny met à examiner les chambres de l'hôtel du Grand-Alexandre.

M. de Savigny avait cinquante-cinq ans ; c'était un petit vieillard aux formes grêles, d'apparence chétive et délicate, jouissant toutefois d'une bonne santé, grâce à sa sobriété et à la régularité de son régime. Sa physionomie, quoique un peu souffreteuse par suite de l'état maladif de son enfance et de sa première jeunesse, ne manquait ni d'intelligence ni d'une certaine finesse ; son front, large et élevé, annonçait un penseur, et ses yeux gris, habituellement ternes et sans éclat, s'animaient dans certaines circonstances, par exemple aux récits d'actions nobles et héroïques, ou se mouillaient de larmes compatissantes en entendant raconter ou en voyant les souffrances d'autrui. Car, hâtons-nous de le constater, malgré quelques petits travers, quelques légers défauts, M. de Savigny était doué de qualités précieuses et surtout d'un cœur excellent ; mais reconnaissons en même temps que trop souvent la faiblesse de son caractère apporta un obstacle à l'expansion de ses bons sentiments.

M. de Savigny appartenait à une honorable et ancienne famille bourgeoise d'Orléans, qui, après s'être enrichie dans le commerce, était entrée dans la magistrature, et avait fini par recevoir des lettres de noblesse en achetant pour un de ses membres ce qu'on appelait alors une *savonnette à vilain*, c'est-à-dire une charge de secrétaire du roi. Remarquons en passant que cette prétendue charge n'était qu'un titre sans fonctions.

Cette famille avait un nom qui décelait peut-être une bien humble origine : c'était celui de Porcher[1]. L'aïeul de M. de Savigny dont il est ici question y ajouta le nom de Savigny, parce qu'il possédait un fort beau domaine sur le territoire de ce village, et se fit appeler Porcher de Savigny. Son fils, qui avait fait un brillant mariage, supprima le premier de ces noms comme trop roturier, et pendant l'émigration il le remplaça par un titre de vicomte, qu'il prit de son chef, dirent les uns, qu'il reçut du monarque exilé comme lui, dirent les autres : fait historique qui n'a jamais été bien éclairci, et qui, du reste, nous intéresse fort peu. Pendant que le fils se parait de nouveaux titres à l'étranger, son vieux père était resté en France, et, revenant prudemment à son ancien nom, se faisait appeler le citoyen Porcher tout court et se gardait bien de montrer le moindre parchemin héraldique. Grâce à ces précautions et aux soins qu'il prit de vivre dans la retraite, il conserva intacte toute sa fortune, et il eut la consolation, quelques jours avant de

---

[1] Porcher, comme on sait, signifie gardeur de porcs.

mourir, de la transmettre telle à son fils le vicomte, à son retour de l'émigration. Celui-ci n'en jouit pas longtemps, car il mourut dans l'année qui suivit sa rentrée en France.

Des trois fils qu'il avait emmenés avec lui en Angleterre, un seul, le plus jeune, lui était resté; et encore sa constitution délicate semblait-elle ne présager à cet enfant qu'une existence précaire. Nous disons enfant; car quoiqu'il eût près de vingt-cinq ans à la mort de son père, il paraissait à peine en avoir quinze, et de plus il avait toute la naïveté, toute la faiblesse de caractère d'un enfant. Mais, si l'on parvenait à gagner sa confiance et à écarter ce voile de timidité qui enveloppait son esprit, alors on était étonné de l'étendue et de la variété des connaissances qui distinguaient cet être si frêle; on admirait avec surprise la profondeur et la sûreté de son jugement, la sagacité de ses vues, la finesse de ses observations.

Versé dans l'étude des langues anciennes, les auteurs latins et grecs lui étaient familiers, et de plus il parlait l'anglais et l'allemand avec autant de facilité que le français; mais, ce qui était en lui plus surprenant encore que de parler la langue de ces peuples, c'était de connaître leur histoire, leurs mœurs, leurs usages; de les comparer avec les nôtres, et de tirer de ces comparaisons des réflexions pleines de justesse, souvent entremêlées de saillies spirituelles.

Ajoutons qu'il était une étude qu'il semblait avoir approfondie encore plus que les autres : c'était celle de la religion. Son père l'avait d'abord destiné à l'état ecclésiastique, comme cadet de famille, et avait dirigé ses études vers ce but. Le jeune homme s'y était livré avec ardeur, et quand, après la mort de ses frères, son père lui signifia qu'il devait suivre une autre carrière, tout en obéissant avec sa docilité ordinaire, il n'en continua pas moins ses études théologiques, dans le but unique de s'instruire plus à fond dans sa religion : « Car, disait-il, tout homme raisonnable doit être en état de rendre compte de sa foi, comme de mourir pour elle. » Le résultat de ces études fut de le convaincre tellement des vérités de la religion catholique, que rien n'eût été capable de le faire dévier de la ligne orthodoxe, et que ce caractère, si faible sur tout le reste, était sous ce rapport d'une force et d'une fermeté inébranlables.

Quant aux actes ordinaires de la vie, il était tellement habitué à suivre une impulsion étrangère, que si par hasard il se trouvait obligé de prendre l'initiative en quelque chose, il était troublé, indécis, et perdait facilement la tête.

Après la mort de son père, le jeune de Savigny alla habiter Paris avec une tante maternelle, Mᵐᵉ d'Azincourt, qui prit soin de ce grand enfant, son plus proche héritier, comme de son propre fils. Les soins intelligents qu'elle lui prodigua fortifièrent sa santé, en même temps que les sociétés dans lesquelles elle l'introduisit lui donnèrent un peu l'usage du monde, sans néanmoins détruire sa timidité originelle, qui passait souvent, aux yeux de ceux qui ne le connaissaient pas ou des personnes superficielles, pour de la gaucherie ou même de la stupidité.

Cependant plusieurs habitués de la société de
Mme d'Azincourt avaient su apprécier les qualités
de son neveu, entre autres M. Charles de Bellemare, qui était alors attaché en qualité d'écuyer à
la maison du comte d'Artois. Quoique beaucoup plus
jeune que M. de Savigny, M. de Bellemare avait
beaucoup plus d'expérience, et surtout l'assurance
que donne l'usage du monde. Il avait promptement
reconnu l'étendue et la variété des connaissances
de M. de Savigny, et il se plaisait à le faire briller
avec une adresse et une intelligence qui charmaient
Mme d'Azincourt. Bientôt une étroite amitié s'était
formée entre les deux jeunes gens, malgré la différence d'âge et de caractère. Chaque jour, M. de
Bellemare apprenait à mieux apprécier son ami, et
il aurait voulu le lancer sur un plus grand théâtre,
où, selon lui, il brillerait malgré sa modestie. Mais,
sous ce rapport, M. de Savigny était loin d'être
d'accord avec son ami. « Laissez-moi, je vous en
supplie, lui disait-il, laissez-moi dans ma solitude,
avec mes livres : surtout ne parlez pas de ces choses
à ma tante ; si elle allait se mettre en tête de pareilles
idées, elle voudrait peut-être me les voir mettre à
exécution, et j'avoue que je ne me sens pas la force
de résister à sa volonté. »

M. de Bellemare ne pouvait rien comprendre à
tant d'abnégation ; cependant, pour ne pas contrarier
son ami, il cessa de lui parler de ses projets.

Les mois, les années s'écoulèrent sans apporter
aucun changement à cette situation. Enfin Mme d'Azincourt, après une maladie qui avait mis sa vie dans
le plus grand danger, songea que, si elle venait à

mourir, son neveu serait isolé sur la terre. Et que deviendrait, disait-elle naïvement, ce pauvre enfant livré à lui-même? N'oublions pas que le « pauvre enfant » avait alors quarante-quatre ans accomplis.

Après avoir mûrement réfléchi, elle conclut que le meilleur moyen de le préserver de cet isolement redoutable était de le marier.

La difficulté était de lui trouver une femme convenable : nous disons de lui trouver, car ce n'était pas lui qui eût été capable de la chercher. La bonne tante résolut de se charger elle-même de cette recherche, et, après de minutieuses investigations, elle crut avoir rencontré ce qu'il fallait à son neveu. C'était une demoiselle de vingt-cinq ans, élevée dans un couvent dont la supérieure était l'amie intime de Mme d'Azincourt, et qui lui avait donné sur le compte de cette jeune personne tous les renseignements désirables.

« Elle appartient, lui avait-elle dit, à une très bonne famille de marchands de la rue Saint-Denis ; mais ils sont beaucoup d'enfants ; le père a fait des pertes considérables dans son commerce, de sorte qu'il ne peut donner à ses filles qu'une dot très minime.

— Je ne tiens pas à la fortune, avait répondu la tante, mon neveu en aura assez pour deux. Je ne tiens pas non plus à la naissance ; puisqu'elle appartient à d'honnêtes parents, cela suffit ; mais je tiens essentiellement aux qualités de l'esprit et du cœur et aux principes religieux.

— Sous ce rapport, reprit la supérieure, je crois qu'elle laisse peu de chose à désirer. Elle est d'une

piété exemplaire, et parfois même si fervente, que
son directeur et nous, nous avons été obligés de la
modérer. Elle a fait en entier son éducation dans
notre maison, et elle a été une de nos plus brillantes
élèves. Ses classes terminées, elle s'était tellement
attachée à nous, qu'elle ne voulait plus nous quitter, et qu'elle a demandé à entrer dans la communauté et à se faire religieuse. Son directeur, qui la
connaissait mieux qu'elle ne se connaissait elle-
même, lui fit à ce sujet de sages observations ;
elle persista dans sa résolution. Nous l'admîmes au
noviciat ; mais au bout de six mois elle reconnut
elle-même que la vie religieuse n'était pas sa voca-
tion. Elle se vit donc obligée de renoncer à ce projet ;
dès lors elle est restée libre à la maison comme
pensionnaire ; seulement comme son père ne pourrait pas payer sa pension, elle la paye elle-même,
et largement, au moyen de services importants
qu'elle nous rend. Ainsi elle aide nos mères à tenir
les classes des élèves pensionnaires, elle donne
des leçons de musique ; et enfin elle est d'un grand
secours à notre mère économe pour la tenue de ses
livres et pour la régularité et l'ordre à apporter dans
les recettes et les dépenses ; car je dois mentionner
l'esprit d'ordre parmi ses principales qualités.

— C'en est une essentielle, observa Mme d'Azincourt, et surtout indispensable à la personne qui
épouserait mon neveu ; car le pauvre garçon, quoique
fort instruit, serait incapable de veiller à ses affaires,
et encore moins de diriger sa maison. Depuis vingt
ans que nous sommes ensemble, c'est moi qui suis
obligée de régler ses comptes avec ses hommes

d'affaires, de passer les baux avec ses fermiers, de toucher ses revenus, etc., et je vous avoue que mon âge ne me permet plus guère de m'occuper d'une pareille besogne; sans compter que je crains à chaque instant de commettre quelques erreurs préjudiciables à ses intérêts. Aussi j'aimerais mieux lui voir épouser une femme entièrement privée de fortune, mais rangée et économe, qu'une femme riche aimant le luxe et la dépense, et ne sachant pas compter avec elle-même. La première sera en état de conserver et peut-être d'augmenter sa fortune, tandis que l'autre pourrait fort bien dissiper ce qu'elle possède et ce que possède son mari.

— Vous avez raison, Madame, et je crois que, sous ce rapport encore, la personne dont je parle pourrait parfaitement convenir; mais, dans une affaire aussi délicate, ma conscience m'oblige à ne rien vous cacher, et, après vous avoir parlé des qualités de cette personne, je dois vous faire connaître ses défauts, d'autant plus que ce sont là les causes seules qui l'ont empêchée de prendre le voile. Elle n'a pas assez d'humilité et de soumission, elle est même parfois impérieuse, et il faut que tout cède à sa volonté. On parvient à lui faire entendre raison, mais difficilement, et seulement en lui parlant au nom de ses devoirs et de la religion. Malheureusement elle est trop prompte à se décider, elle ne réfléchit pas assez mûrement au parti qu'elle doit prendre, et une fois qu'elle a fixé sa résolution, elle s'y attache avec une ténacité trop souvent voisine de l'entêtement. »

On voit que, malgré ces précautions oratoires et

l'adoucissement que la bonne religieuse apportait dans la peinture de certains traits, cette partie du portrait de sa protégée n'était pas flattée. Mais Mme d'Azincourt n'en parut ni surprise ni contrariée, et elle répondit en souriant : « Je conçois, ma bonne mère, que l'obéissance étant un des vœux essentiels pour entrer en religion, une personne qui manque de soumission, et dont le caractère est quelquefois impérieux, ne puisse être admise à prendre le voile ; je conçois encore que les défauts que vous m'avez signalés aient dans le mariage de graves inconvénients avec tout autre homme que mon neveu ; mais je regarde ces défauts dans la personne destinée à devenir sa femme comme des conditions favorables. En effet, mon neveu manque précisément de décision et de volonté : eh bien, sa femme en aura pour lui ; elle, de son côté, manque de réflexion et de jugement : mon neveu, au contraire, est un homme très réfléchi et d'un jugement sûr. Ainsi chacun d'eux apportera dans la communauté des qualités dont l'autre est privé ; ils réaliseront en quelque sorte la fable de *l'Aveugle et le Paralytique* : le mari pensera pour la femme, la femme agira pour le mari. »

Mme la supérieure n'avait pas d'objection à faire. Mme d'Azincourt, après plusieurs entrevues avec la jeune personne, la trouva tout à fait à son gré, en parla à son neveu, n'eut pas de peine à le décider, et peu de temps après on célébrait à Saint-Thomas-d'Aquin le mariage de M. le vicomte Edmond de Savi... , avec Mlle Louise-Marie-Thérèse Vannier, fille majeure, sans profession.

II

Le croirait-on? c'était Mlle Louise Vannier, la fille du marchand bonnetier de la rue Saint-Denis, qui avait exigé que M. de Savigny reprît le titre de vicomte qu'avait porté son père, titre dont il n'avait jamais eu jusque-là la pensée de se parer, mais Mlle Vannier y tenait : elle voulait épouser un vicomte et être appelée vicomtesse, c'était sa condition, *sine qua non*. Et il fallut en passer par là.

On voit, comme l'avait dit la mère supérieure, que l'humilité n'était pas une de ses vertus.

Six mois après le mariage de son ami, M. de Bellemare épousait Mlle de Grosbois, jeune personne élevée dans le même couvent que Mme de Savigny. C'était, on peut le dire, celle-ci qui avait en quelque sorte fait ce mariage. Mlle Émilie de Grosbois était orpheline quand elle avait été placée au couvent. C'était une enfant d'un caractère doux et docile, d'un cœur aimant et sympathique, et, quoiqu'il y

eût entre elle et Mlle Vannier une grande différence
d'âge, de goûts et de caractère, il s'était formé entre
elles une de ces liaisons que les contrastes rendent
souvent plus intimes.

Après le double mariage, les deux nouveaux
ménages devinrent naturellement unis comme s'ils
n'eussent formé qu'une seule famille, malgré les
changements assez notables que leur nouvel état
avait apportés dans la manière d'être et dans les
habitudes de chacun de nos quatre personnages. Ce
changement était moins marqué chez M. de Bellemare que chez les trois autres ; homme du monde et
de bon ton, il avait su se plier sans contrainte aux
exigences de sa nouvelle position. Quant à sa femme,
c'était encore une jeune pensionnaire, vive, rieuse,
folâtre, heureuse d'être sortie de cette prison qu'on
appelle le couvent, de n'être plus astreinte aux
exercices réguliers du pensionnat, et goûtant avec
ivresse le bonheur d'être libre.

Mme de Savigny, au contraire, ne ressemblait en
rien à elle-même. C'est quelque chose d'incroyable
que la facilité avec laquelle elle avait pris le ton,
les manières, la distinction même d'une femme de
qualité. Hier encore elle ne s'avançait que les yeux
baissés, ayant dans sa démarche quelque chose
qui sentait le cloître ; aujourd'hui elle relevait les
yeux et la tête sans arrogance, sans effronterie,
mais avec dignité. Sa physionomie, naturellement
sérieuse, était devenue grave ; elle imposait à tous
ceux qui l'approchaient, excepté cependant à Mme de
Bellemare, qui avait conservé avec elle la familiarité à laquelle elle était habituée dès l'enfance.

Elle seule avait le privilège de jouer avec elle, de la lutiner, de la faire sourire ; car Mᵐᵉ de Savigny ne riait jamais.

Mais, de tout son entourage, celui à qui la nouvelle vicomtesse imposait le plus, c'était son mari. Le pauvre homme tremblait de déplaire à sa femme, et celle-ci, d'un mot, d'un geste, d'un regard, faisait de lui tout ce qu'elle voulait. Et pourtant, par une sorte de contradiction plus apparente que réelle, elle avait la plus haute idée de la capacité, de l'instruction, des talents et de toutes les qualités de son mari ; elle en était fière, et elle ne parlait jamais de lui qu'avec respect ; seulement il lui arrivait parfois de dire : « L'étude et la réflexion, qui l'ont rendu si savant, si judicieux, si sage, ont émoussé la vivacité de son esprit, et l'ont rendu pesant et embarrassé dans la conversation, et timide dans la société. » Elle s'appliqua pendant les premiers temps de son mariage à la corriger de ces défauts. Elle ne réussit pas entièrement ; mais elle parvint à lui donner un peu plus d'assurance devant les étrangers, assurance qu'il perdait souvent en sa présence.

Ce léger changement, et surtout l'empire que Mᵐᵉ de Savigny avait pris sur son mari, n'avaient pas échappé à M. de Bellemare ; il crut l'occasion favorable pour revenir à l'idée, qu'il avait eue déjà autrefois, de faire sortir son ami de l'obscurité dans laquelle il s'obstinait à vivre, et de le lancer sur un théâtre convenable à sa naissance et à son mérite. Il se garda bien cette fois d'en parler à M. de Savigny : il fit part de son projet à Madame, qui l'ac-

cueillit avec empressement, je dirai avec enthou-
siasme.

Jamais les circonstances ne pouvaient se présenter plus favorables : on était au commencement
d'un nouveau règne et d'une nouvelle année (1825).
Le roi Charles X devait se faire sacrer au printemps,
et avant cette époque il y aurait de grands changements dans les divers services de sa maison. Rien
de plus facile, avec un peu de persévérance, que
d'entrer dans un des cinq services réservés aux
laïques[1]. M. de Bellemare venait d'obtenir de l'avan-
cement; il avait été nommé écuyer ordinaire du roi,
et il avait de belles protections, qu'il emploierait
au besoin pour son ami.

Après être convenus entre eux de leurs faits,
Mme de Savigny et M. de Bellemare sondèrent d'abord
le terrain et firent les premières démarches, toujours à l'insu de M. de Savigny. Les choses marchèrent à leur gré, et quand il n'y eut plus, pour
ainsi dire, que le dernier coup à frapper, Mme de
Savigny raconta tout à son mari, et le détermina,
non sans quelque résistance, à faire deux ou trois
visites indispensables, où il ne pouvait être remplacé par personne. Il se soumit; mais jamais, a-t-il
bien souvent répété depuis, démarche ne lui avait
tant coûté.

Bref, dans les premiers jours de mai 1822, il
reçut sa nomination de *gentilhomme ordinaire de la*

---

[1] Il y avait dans la maison civile du roi six services : le premier, la
grande aumônerie, qui était entièrement réservée aux ecclésiastiques;
les cinq autres : du grand maître de France, du grand chambellan, du
grand écuyer, du grand veneur, et du grand maître des cérémonies,
étaient dévolus aux laïques.

chambre du roi, avec ordre de se rendre à Reims pour commencer son service à l'époque du sacre, fixé au 29 mai.

Ce fut avec un calme parfait, voisin de l'indifférence et de la froideur, que M. de Savigny décacheta le pli officiel renfermant son brevet, tandis que sa femme, sortant cette fois des bornes de sa gravité ordinaire, ne put retenir une exclamation de joie accompagnée d'un cri retentissant de : « Vive le roi ! »

Nous n'avons pas besoin d'ajouter qu'elle témoigna la plus vive reconnaissance à M. de Bellemare pour la part qu'il avait prise à cette nomination, et qu'elle redoubla envers sa jeune femme de marques d'amitié et de tendresse.

Avec la nouvelle dignité que venait de recevoir son mari se développèrent rapidement les germes de vanité qu'elle portait déjà dans le cœur. — Gentilhomme ordinaire de la chambre du roi ! — Mais ce titre donnait droit aux entrées à la cour; mais il fallait une tenue de maison en rapport avec d'aussi honorables fonctions.

Son activité sut bientôt pourvoir à tout. En peu de jours sa maison fut montée sur un pied convenable : laquais à grandes livrées, équipages armoriés, rien ne manqua ; et, constatons-le à sa louange, elle sut apporter à ces dépenses extraordinaires un esprit d'ordre tel, que les revenus de son mari y suffirent largement.

Introduits par M. de Bellemare dans la société aristocratique du faubourg Saint-Germain, M. le vicomte et Mᵐᵉ la vicomtesse de Savigny y reçurent

un accueil des plus flatteurs, dû tout à la fois au
mérite réel du mari, à son nom, à sa position à la
cour, et à la parfaite tenue de la femme, dont le
ton et les manières avaient quelque chose de si
distingué, que nul n'eût soupçonné son humble
origine.

Plusieurs années se passèrent dans cette brillante
situation. Il est vrai que M. de Savigny était loin
d'en être ébloui, et que souvent il regrettait le temps
qu'il consacrait paisiblement et dans la retraite à ses
livres et à ses études favorites. Mais il en était tout
autrement de Mme de Savigny; l'éclat du monde,
des grandeurs et des dignités exerçait sur elle une
fascination irrésistible. L'atmosphère enivrante des
salons de la haute société lui avait tourné la tête.
Déjà elle rêvait pour son mari quelque nouvelle
distinction, quelque emploi plus relevé que celui
de simple gentilhomme de la chambre. Déjà, grâce
aux connaissances haut placées qu'elle avait su se
ménager, ses rêves commençaient à devenir des
espérances. Il était question d'une certaine place de
secrétaire d'ambassade qui eût singulièrement flatté
la vanité de Madame. — Et pourquoi, se disait-elle,
ne deviendrait-il pas ambassadeur? Certes, il en a
les talents et la capacité. — En attendant, il lui
prit fantaisie de hausser au moins d'un cran le titre
de noblesse de son mari, et de lui faire obtenir
d'une manière officielle le titre de comte en place
de celui de vicomte, dont l'origine pouvait être
sujette à contestation. C'était chose facile avec les
protections dont elle était entourée. Tout marcha
cette fois encore à souhait. Déjà l'ordonnance qui

conférait à M. le vicomte de Savigny le titre de
comte avait passé au conseil; il ne manquait plus
que certaines formalités de chancellerie pour en
avoir l'expédition authentique ; déjà, certaine du
succès dont elle avait été informée officiellement,
la nouvelle comtesse avait fait peindre sur les pan-
neaux de sa voiture la couronne à neuf perles, quand
tout à coup éclata comme un coup de tonnerre la
révolution de juillet 1830.

Il fallut dire non seulement adieu aux rêves et
aux espérances de distinction à venir, mais encore
renoncer à l'emploi qu'elle trouvait trop modeste la
veille : que dis-je? il fallut renoncer à cette brillante
société qui avait tant de charmes pour elle, et aller
s'enfermer loin de Paris, dans le domaine que son
mari possédait à Savigny; car Paris n'offrait guère
de sécurité à tout ce qui avait été attaché à la cour
de Charles X. Les personnes de sa connaissance
avaient également quitté la capitale; quelques-unes
même étaient allées s'établir à l'étranger ; M. et
Mme de Bellemare s'étaient retirés en Normandie,
à Verneuil, où ils possédaient quelques propriétés.

M. de Savigny accepta, je ne dirai pas seulement
avec résignation, mais presque avec joie, la perte
de sa brillante position et la chute de tant d'espérances si flatteuses pour la vanité de sa femme,
mais qui n'étaient pour lui qu'un fardeau ennuyeux
et pénible. « D'ailleurs, » disait-il à celle qui
paraissait inconsolable et qui reprochait à son mari
son indifférence pour le malheur qui les avaient frappés, « ce malheur, comme vous voulez l'appeler,
peut-il être comparé à celui qui accable l'auguste

famille de nos rois? Quand je vois un vieillard hier
assis sur le premier trône du monde reprendre
aujourd'hui pour la troisième fois la route de l'exil;
quand je vois avec lui son fils et cette noble princesse, la fille du roi martyr, l'orpheline du Temple,
dont la vie tout entière n'a été qu'une suite d'amères
douleurs; quand je vois enfin au milieu d'eux cet
enfant que nous appelions naguère l'enfant du mi-
racle, orphelin avant sa naissance, et forcé à l'âge
de dix ans d'abandonner le palais de ses aïeux pour
aller mendier un asile sur la terre étrangère, j'avoue
que je n'ai pas la force de me plaindre, et que
je réserve ma sympathie et mes larmes pour des
infortunes qui en sont réellement dignes. »

Mme de Savigny avait trop de bon sens, elle était
trop sincèrement attachée à la famille royale pour
ne pas être frappée de la justesse de ces réflexions;
aussi n'y répondait-elle qu'en soupirant et en
déplorant avec les sentiments de la plus vive compassion les malheurs de cette famille; ce qui ne
l'empêchait pas au fond de regretter amèrement la
perte de sa position et de ses illusions plus brillantes
encore.

Enfin une visite qu'elle reçut peu de temps après
son arrivée à Savigny rendit un peu de calme à son
âme, troublée par les déceptions de sa vanité. C'était
son frère aîné, ecclésiastique attaché à l'archevêché
de Paris, et qui, forcé aussi de s'éloigner par suite
de la révolution, était venu chercher momenta-
nément un asile auprès de son beau-frère et de sa
sœur.

L'abbé Vannier avait quinze ans de plus qu'elle.

Il était l'aîné de la nombreuse famille dont Mme de Savigny était le dernier enfant. C'est lui qui avait placé sa jeune sœur dans le couvent où elle avait été élevée, et qui avait veillé à son éducation. Depuis la mort de leur père, arrivée peu de temps après le mariage de Mme de Savigny, il avait reporté toute sa sollicitude sur les autres membres de la famille, qui en avaient plus besoin que Louise, maintenant devenue riche et titrée. Il allait rarement la voir, surtout depuis qu'elle s'était lancée dans le grand monde, parce qu'il était loin d'approuver les idées qu'elle s'était mises en tête, et qu'elle n'écoutait pas les remontrances parfois sévères qu'il lui adressait à ce sujet. Cependant Mme de Savigny aimait beaucoup son frère, elle avait même pour lui un respect filial : elle écoutait ses avis avec déférence, sans jamais le contredire, mais elle n'en agissait pas moins à sa tête. — Bah! se disait-elle, mon cher frère ne connaît pas le monde ni ses exigences; ses conseils seraient excellents si j'étais encore la pensionnaire libre du couvent de S***; mais je suis aujourd'hui la vicomtesse de Savigny, mon mari est gentilhomme de la chambre du roi, et cette position sociale impose des obligations et des devoirs auxquels il n'est pas permis de se soustraire.

L'abbé Vannier avait mieux compris que sa sœur ne le croyait tout ce qui se passait dans son âme. Il l'avait vue avec douleur se laisser entraîner par les chimères de l'ambition et de la vanité; mais il avait compris aussi que, tant que cette ivresse durerait, ses paroles ne seraient pas écoutées. Il avait donc résolu d'attendre que quelques-unes de ces

circonstances imprévues comme il s'en rencontre
si souvent dans le monde où elle vivait, et surtout
dans la carrière des ambitieux, vinssent la désen-
chanter, pour qu'il lui fût possible d'achever de lui
ouvrir les yeux et de la rappeler à elle-même. Il
était loin de prévoir la catastrophe qui venait d'en-
gloutir tout à la fois tant d'espérances légitimes et
qui paraissaient si bien fondées, en même temps
que celles qui n'avaient pour base que l'amour-propre
et les satisfactions de l'intérêt ou de la vanité. Mais
plus le coup avait été inattendu et terrible, plus il
espérait en tirer d'utiles leçons; et c'est effectivement ce qu'il fit avec succès. — Déjà Mme de
Savigny avait été ébranlée par les simples réflexions
de son mari; mais le langage de la religion, qu'elle
avait toujours écouté avec respect, et que son frère
lui fit entendre avec l'autorité du prêtre tempérée
par la douceur de l'amitié fraternelle, finit par dissiper ses dernières illusions et lui faire comprendre
toute l'instabilité et l'inanité de ce qu'on appelle
grandeur, fortune, dignités. Elle renonça dès lors à
tous ses rêves d'ambition, à ces hochets de la vanité
qui l'avaient tant préoccupée depuis son mariage,
et elle ne songea plus qu'à remercier Dieu des
biens qu'il lui avait accordés, et qui déjà dépas-
saient de beaucoup ce qu'elle aurait dû attendre
dans l'humble condition où elle était née.

Une lettre qu'elle reçut vers la même époque de
sa chère Émilie (Mme de Bellemare) fut pour elle un
grand sujet de consolation; car, au moment de la
révolution, chacun avait fui de son côté sans avoir
le temps de prévenir ses connaissances du lieu de

sa retraite, et depuis plus de six mois qu'ils étaient séparés, Mme de Savigny avait ignoré ce qu'étaient devenus ses amis si dévoués.

Après avoir raconté à son amie par quel hasard elle était parvenue à découvrir sa nouvelle adresse, Mme de Bellemare lui annonçait qu'elle venait d'être mère d'une charmante petite fille, à laquelle elle allait consacrer tous ses soins; elle la nourrissait elle-même, et elle espérait que le bon Dieu lui ferait la grâce de la lui conserver, pour la dédommager des deux petits anges qu'il lui avait ôtés pour les rappeler à lui (Mme de Bellemare avait eu deux enfants avant celle-ci, et ils étaient morts en nourrice; aussi avait-elle résolu, si Dieu lui en envoyait d'autres, de les nourrir elle-même). Elle ajoutait que sa fille était née le jour de la fête de saint Jean l'Évangéliste, et qu'elle lui avait donné le nom de Jeanne, en la plaçant sous la protection du disciple bien-aimé.

Après avoir consacré plus de la moitié de sa lettre à parler de son enfant et surtout à la recommander aux prières de son amie, elle donnait quelques détails sur sa nouvelle position et les occupations de son mari. Ayant vu son avenir brisé par la révolution de Juillet, et ne voulant pas se rallier au nouveau gouvernement, il s'était décidé, pour ne pas rester oisif, à fonder avec un de ses amis une maison de banque à Verneuil, et à entrer dans quelques grandes opérations industrielles et commerciales. D'ailleurs, la fortune personnelle de M. de Bellemare n'était pas très considérable, et la perte du traitement attaché à l'emploi qu'il remplissait à la cour

avait fait une brèche considérable dans ses revenus.
Aussi ce n'était pas seulement pour se créer une
occupation, mais aussi pour rétablir l'équilibre de
son budget, qu'il s'était décidé à entrer dans les
affaires. — « Entrer dans les affaires, continuait-
« elle en plaisantant, ne voilà-t-il pas un bel em-
« ploi, me dira-t-on, pour un douyer ordinaire de
« S. M. Charles X ! Mais que voulez-vous, ma bonne
« Louise, nous sommes en temps de révolution ; la
« noblesse exerce maintenant toute sorte de métiers
« sans déroger, et quand la royauté se fait bour-
« geoise, un simple gentilhomme peut bien se faire
« banquier. »

Elle terminait sa lettre en exprimant à son amie
le vif désir qu'elle avait de la revoir. « Si je n'étais
« retenue, disait-elle, par les exigences parfois
« tyranniques de mon nourrisson, je serais allée
« moi-même vous rendre visite, malgré la rigueur
« de la saison (on était à la fin de janvier 1831) ;
« mais vous qui n'avez pas charge d'enfants, vous
« dont le mari est maintenant libre de toute occu-
« pation qui l'oblige à résidence, ne viendrez-vous
« pas nous voir, non pas à présent, je ne suis pas
« exigeante, mais quand la belle saison sera de retour,
« quand nos beaux pommiers normands seront en
« fleur, et que nos prairies du bord de l'Avre et
« de l'Iton se seront couvertes de leurs brillants
« tapis d'émeraude ? Car ne vous imaginez pas,
« parce que vous habitez votre riche et splendide
« vallée de la Loire, qu'il n'y a pas d'autres pays
« dotés aussi d'un genre de mérite et de beauté qui
« n'est pas à dédaigner, et je puis vous affirmer que

L'abbé Vannier était venu chercher un asile auprès de son beau-frère
et de sa sœur.

« notre petite ville de Verneuil et ses environs sont
« de ce nombre. Dans tous les cas, si vous n'y
« trouvez pas autant d'attraits qu'à vos campagnes
« de l'Orléanais, vous serez toujours sûre d'y ren-
« contrer des cœurs qui vous aiment de l'amitié
« la plus sincère et la plus dévouée. »

Mme de Savigny s'empressa de répondre à son amie
une longue lettre dont nous nous dispenserons de
faire connaître l'analyse ; nous dirons seulement
qu'elle acceptait avec joie son invitation si gracieuse
et si aimable ; que son mari et elle se faisaient une
véritable fête d'entreprendre le voyage de Verneuil,
mais qu'ils ne pouvaient encore en fixer l'époque.

La correspondance, à partir de ce moment, se
suivit assez régulièrement entre les deux amies.
Mme de Bellemare répétait souvent son invitation,
et rappelait à son amie la promesse que celle-ci lui
avait faite d'y répondre. Mais toujours quelque obstacle imprévu était venu s'opposer à la réalisation
d'un projet vivement désiré de part et d'autre. —
Tantôt c'était *l'horizon politique qui se rembrunis-
sait,* comme disaient les journaux (il se rembru-
nissait souvent dans les premières années du règne
de Louis-Philippe) ; M. et Mme de Savigny ne se
souciaient pas d'être en voyage pendant l'explosion
de quelque nouvelle tempête révolutionnaire. Tantôt
c'était le choléra, qui, il est vrai, avait respecté
Savigny, et même, affirmait-on, Verneuil, mais qui
exerçait ses ravages dans la plupart des villes et des
villages qu'il faudrait traverser pour s'y rendre.
Enfin d'obstacle en obstacle on arriva jusqu'au commencement de l'année 1835, sans qu'il eût été pos-

sible d'accomplir un voyage prémédité depuis plus
de quatre ans. Au mois de mai et de juin de cette
année, Mme de Bellemare réitéra comme d'habitude
son invitation, en ajoutant que cette fois elle n'aper-
cevait aucun nuage à l'horizon politique, ni le
moindre symptôme du choléra, ni enfin aucun em-
pêchement de la nature de ceux qui s'étaient jusqu'ici opposés à leur réunion ; si elle n'avait pas
lieu cette fois, elle ne pouvait en attribuer la cause
qu'à des habitudes casanières que l'on contracte
facilement quand on reste trop longtemps enfoui
dans une campagne ; car elle repoussait comme une
mauvaise pensée l'idée d'attribuer cette cause à
l'indifférence ou au refroidissement de leur amitié.

Mme de Savigny lui répondit que bien certainement son mari et elle feraient cette année le voyage
de Verneuil ; qu'elle ne lui écrirait même plus, et
que si Mme de Bellemare leur adressait encore des
lettres, ils iraient eux-mêmes porter la réponse.
Seulement elle ne pouvait préciser le jour ; mais,
comme elle était toujours sûre d'être bien reçue,
elle voulait tomber chez ses amis comme une bombe.

A compter de ce moment, la correspondance cessa,
et quand au mois de septembre suivant tout fut
prêt pour le voyage, M. de Savigny était d'avis que
sa femme prévînt Mme de Bellemare ; mais elle ne le
voulut pas, disant qu'elle tenait à faire une surprise
à son amie, et qu'elle l'avait suffisamment prévenue
en lui annonçant qu'elle arriverait chez elle tout
à fait à l'improviste.

Ils partirent donc sans s'être fait annoncer.

Quand la voiture arriva dans la ville de Verneuil

et s'arrêta devant l'hôtel du Grand-Alexandre, M. de Savigny aurait désiré qu'on descendît quelques instants dans cette auberge pour changer au moins leur toilette de voyage, et même remiser la voiture; car il était possible que M. de Bellemare n'eût pas un emplacement suffisant et que cela lui occasionnât de la gêne : enfin, selon lui, il eût été plus convenable de se faire annoncer. Mais Mme de Savigny ne voulut entendre à rien. Allaient-ils donc chez des étrangers avec lesquels il fallût faire des cérémonies? Est-ce qu'ils n'étaient pas attendus à toute heure, à toute minute? Changer leur toilette, ce serait montrer trop peu d'empressement; n'auraient-ils pas tout le temps d'en changer dans l'appartement qu'on leur donnerait chez leur ami? D'ailleurs, elle était horriblement fatiguée des auberges depuis qu'ils étaient en voyage, et la seule idée d'y rentrer, ne fût-ce que pour un instant, quand ils étaient arrivés au terme de leur voyage, lui soulevait le cœur.

Telle était la discussion qu'ils avaient eue dans la voiture, et dont nous avons parlé au commencement de notre premier chapitre. Nous avons vu que, quoiqu'elle se fût terminée au gré de Mme de Savigny, une circonstance extraordinaire et bien inattendue l'avait forcée d'entrer dans cet hôtel qui lui inspirait tant de répugnance. Il faut maintenant que nous allions l'y retrouver.

III

M. de Savigny attendait depuis quelques instants
que sa femme lui eût fait savoir si le logement lui
convenait, et s'il fallait faire ou non remiser la voiture, quand l'hôtesse, accourant tout effarée, lui cria
du seuil de sa porte : « Venez, Monsieur, venez vite
auprès de Madame ; je crois qu'elle se trouve mal. »
Puis, s'adressant à ses servantes et au postillon qui
venait de dételer ses chevaux et s'apprêtait à repar-
tir : « Vous autres, leur dit-elle, remisez la voiture ;
il n'y a pas de danger qu'ils aillent ailleurs, ajouta-
t-elle tout bas ; François vous aidera et viendra boire
un coup ensuite.

— Merci, madame Paturel, cria François ; boire
un coup ça ne se refuse pas. »

M. de Savigny, tout troublé, tout tremblant, avait
peine à suivre l'alerte Mme Paturel, qui franchissait
quatre à quatre les marches du grand escalier con-
duisant à un assez joli appartement du premier.

Tout en montant avec plus de lenteur que sa con-
ductrice, la main appuyée sur la rampe, il se disait
en lui-même : Ma femme se trouver mal ! avoir
une faiblesse, une défaillance ; mais elle n'est pas
sujette à ces affections, elle n'en a jamais ressenti
depuis que je la connais : il faut qu'il y ait quelque
chose d'extraordinaire.

En entrant dans le petit salon, M. de Savigny
aperçut sa femme assise ou plutôt étendue sur un
canapé, pâle, abattue et tenant son mouchoir sur
ses yeux.

« Eh ! qu'avez-vous donc, chère amie? lui dit-il
s'approchant avec anxiété.

— Ah ! Monsieur, quel malheur ! répondit-elle
en étouffant ses sanglots. ..

— Mon Dieu ! qu'est-il donc arrivé? reprit-il avec
une sorte de stupeur.

— Mme de Bellemare, Émilie, ma meilleure amie,
morte ! » Et après cette exclamation elle donna un
libre cours à ses larmes et à ses sanglots.

« Morte ! » s'écria M. de Savigny en se tournant
du côté de Mme Paturel, qu'il semblait interroger du
regard, se doutant bien que c'était elle qui avait
appris à sa femme la fatale nouvelle.

« Oui, Monsieur, » répondit-elle à ce regard inter-
rogateur, et sans attendre une interpellation plus
directe. « Madame m'a demandé en entrant ici ce
qu'étaient devenus M. et Mme de Bellemare; je lui
ai répondu ce que tout le monde sait dans le pays,
que Monsieur est parti il y a trois mois, après avoir
déposé son bilan, en abandonnant sa femme et son
enfant, qui est une charmante petite fille de quatre

à cinq ans ; que la pauvre petite femme, laissée dans la misère, est morte de chagrin il y a tout au plus quinze jours, à preuve qu'on l'a enterrée le jour de la Nativité de Notre-Dame, le 8 de ce mois, et nous ne sommes aujourd'hui que le 20.

— Et son enfant, demanda M. de Savigny, qu'est-elle devenue ?

— M. le curé de la Madeleine l'a placée aux orphelines.

— Et l'on ne sait pas où est allé le père ?

— On dit comme ça qu'il est passé en pays étranger, en emportant je ne sais pas combien de centaines de mille francs dont il a fait tort à ses créanciers, tandis qu'il a laissé mourir sa femme de misère et réduit son enfant à la mendicité.

— Quelle abomination ! quelle infamie ! » s'écria Mme de Savigny en se levant par un mouvement d'indignation qu'elle ne put contenir. Puis avec une énergie qu'on eût été loin de soupçonner de la part d'une femme qui semblait tout à l'heure près de tomber en défaillance, elle continua d'un ton de voix élevé et avec une animation croissante : « Aurait-on jamais soupçonné pareille chose de la part d'un homme que nous avions toujours regardé comme plein d'honneur et de loyauté, comme un modèle parfait de tendresse conjugale ! Qu'en dites-vous maintenant, Monsieur, de votre ami ? A qui se fier désormais ? dites-le-moi. »

En voyant l'exaltation de sa femme, M. de Savigny eut la prudence de commencer, au lieu de lui répondre, par éloigner l'hôtesse en la chargeant de divers ordres insignifiants et en lui enjoignant de

ne revenir ou de n'envoyer une de ses bonnes que
quand on l'appellerait.

Quand ils furent seuls, M. de Savigny fit rasseoir
sa femme sur le canapé, et, se plaçant à côté d'elle,
il lui dit avec douceur : « Calmez-vous, ma chère
amie, et attendez, avant de porter un jugement défi-
nitif sur la conduite de M. de Bellemare, d'avoir
des renseignements plus positifs et plus sérieux que
ceux que vous venez d'entendre. Cette femme, ainsi
que vous avez pu le remarquer, est naturellement
portée à bavarder, à *cancaner*, passez-moi l'expression, comme la plupart de ses pareilles. Elle se fait
l'écho des mille rumeurs et des caquetages de toute
nature qui ne manquent pas de circuler dans une
ville à la suite d'un événement de ce genre. On
connaît la valeur de ces bruits, trop souvent répan-
dus par la malveillance, exagérés par les personnes
lésées, recueillis avec avidité par les oisifs, par les
curieux et surtout par une foule ignorante et gros-
sière appartenant aux classes les plus infimes, et
qui ne demande pas mieux que de trouver en défaut
des hommes élevés au-dessus d'elle par la naissance, l'éducation, la fortune et la considération
dont ils ont joui jusque-là. Pour nous, Madame, qui
pendant si longtemps nous sommes honorés de
l'amitié de M. de Bellemare, gardons-nous d'accueillir avec trop de légèreté les infâmes accusations
que nous venons d'entendre formuler si lestement
contre lui. Avant de lui retirer notre estime, il est
de notre devoir de nous éclairer sur son compte,
de manière qu'il ne puisse rester aucun doute dans
notre esprit.

— Je ne demande pas mieux, répondit en soupirant Mme de Savigny, que de le trouver innocent ; mais comment expliquer la mort si prompte de cette pauvre femme, encore si jeune, si gaie, si aimante ? Comment expliquer l'abandon de cette enfant, qu'on est obligé de mettre aux orphelines ?

— Je ne saurais pour le moment vous donner ces explications, puisque je ne sais sur tout cela que ce que vous savez vous-même, c'est-à-dire ce que nous avons entendu de la bouche de cette femme. Pour moi, qui connais M. de Bellemare depuis trente ans, qui sais tout ce qu'il y a en lui de bons et généreux sentiments, de qualités éminentes du cœur et de l'esprit, le tout appuyé sur les bases solides de la religion, je crois que je douterais plutôt de moi-même que d'un tel homme. Non, à moins que le contraire ne me soit prouvé d'une manière authentique et convaincante, comme une démonstration mathématique, jamais je ne croirai que M. de Bellemare ait de gaieté de cœur abandonné sa femme et son enfant, avec les circonstances infâmes que cette femme nous débitait tout à l'heure.

— Mon Dieu ! reprit Mme de Savigny d'un ton plus calme, je ne demande pas mieux, comme je l'ai dit, que d'être convaincue de son innocence, et l'idée de la dégradation morale de cet homme, que j'ai porté haut dans mon estime, me répugne et me pèse autant qu'à vous ; mais comment connaître la vérité ? A qui nous adresser pour avoir ces renseignements authentiques, ces preuves évidentes dont vous parlez ? Nous ne connaissons personne ici, et nous y sommes complètement inconnus.

— C'est vrai, répondit son mari après quelques
instants de réflexion, nous ne connaissons personne
à Verneuil, mais il est une indication que dans son
bavardage l'hôtesse nous a fournie sans s'en douter,
indication au moyen de laquelle nous arriverons
sans doute à obtenir tous les renseignements que
nous pourrions désirer sur le sort de nos malheureux amis. Elle nous a dit que M. le curé de la
Madeleine a placé leur enfant aux orphelines ; il est
probable qu'il a connu la mère, qui était sa parois-
sienne et peut-être sa pénitente, il est probable
aussi qu'il connaît mieux que personne toute la
vérité sur la catastrophe qui a frappé cette famille.
Je vais aller le trouver, je lui expliquerai les rapports que nous avons eus depuis de nombreuses
années avec les époux de Bellemare, et je suis persuadé qu'il n'hésitera pas à nous donner tous les
éclaircissements que nous cherchons, surtout si ces
éclaircissements tendent à détruire les calomnies
qui pèsent sur le malheureux Bellemare ; dans le
cas contraire, la charité lui imposera silence, et ce
silence m'en dira plus que je n'en voudrais savoir.

— Vous avez raison, Monsieur, et je suis entièrement de votre avis ; seulement je veux aller avec
vous chez M. le curé ; j'ai hâte de savoir des détails
sur ce qui concerne ma pauvre Émilie. »

Toujours prompte à exécuter une résolution qu'elle
avait une fois adoptée, Mme de Savigny voulait partir
à l'instant même. Son mari eut beaucoup de peine
à lui faire entendre qu'elle avait besoin de prendre
quelque nourriture, et surtout qu'il était convenable de changer de toilette avant de se présenter

chez une personne honorable dont ils n'étaient
pas connus. Cette dernière considération la décida
aussitôt.

M. de Savigny, qui, malgré ses cinquante-cinq
ans et sa nature délicate, était doué d'un vigou-
reux appétit, se fit servir à déjeuner pendant que
Madame, aidée d'une des bonnes, procédait à un
changement de toilette. Elle ne prit pour tout rafraî-
chissement qu'une tasse de lait sucré, dans laquelle
elle trempa quelques mouillettes de pain; puis on
partit pour la cure.

Arrivés au presbytère, ils furent introduits dans
une espèce de petit salon ou plutôt de parloir, où
on les invita à se reposer pendant qu'on irait prévenir M. le curé.

Après quelques minutes d'attente, le vénérable
prêtre, vieillard de près de quatre-vingts ans, mais
encore frais et bien conservé, entra, et, s'avançant
gracieusement à leur rencontre, il leur dit : « J'avoue,
Madame et Monsieur, qu'en entendant prononcer
votre nom, mon premier mouvement a été la surprise; mais, après un instant de réflexion, j'ai
reconnu que je devais m'attendre à votre visite,
même après la lettre que je vous ai envoyée. »

En entendant ces paroles, M. et Mme de Savigny
se regardèrent d'un air étonné, pensant peut-être
que son grand âge faisait radoter le bon curé. Enfin
M. de Savigny lui dit avec une sorte d'embarras :
« Pardon, monsieur le curé, mais je crains qu'il n'y
ait ici quelque méprise; vous nous parlez comme si
vous nous connaissiez, et c'est la première fois que
nous avons l'honneur de vous voir; puis vous dites

nous avoir écrit, et jamais nous n'avons reçu de
lettre de vous.

— Mais, n'êtes-vous pas, vous, Monsieur, le vicomte
de Savigny, ancien gentilhomme de la chambre du roi
Charles X? et vous, Madame, n'avez-vous pas été
élevée au couvent de... à Paris, où vous avez connu
Mlle Émilie de Grosbois, mariée à M. de Bellemare,
attaché à la maison du roi?

— Ah! monsieur le curé, s'écria douloureuse-
ment Mme de Savigny, oui, je vois que vous nous
connaissez, et c'est cette pauvre Émilie qui vous
a parlé de nous.

— Oui, Madame, elle m'a parlé de vous bien
souvent; elle se faisait même une grande fête,
quand elle vous recevrait à Verneuil, de me faire
faire plus ample connaissance avec vous; et moi
aussi, Madame, je le désirais bien vivement, d'après
tout le bien qu'elle m'avait dit de vous et de monsieur votre mari; mais les malheureux événements
qui sont survenus me paraissaient de nature à éloigner probablement pour toujours ce rapprochement,
surtout après la lettre qu'elle vous avait écrite avant
sa mort, lettre qu'elle n'a même pu achever, et
qu'elle m'a chargé de vous faire parvenir. Telle a
été la cause de mon étonnement lorsqu'on est venu
m'annoncer votre visite. Cependant...

— Mais, monsieur le curé, interrompit Mme de
Savigny, nous n'avons pas reçu la lettre dont vous
parlez. A quelle époque l'avez-vous mise à la poste?

— Le jour même de la mort de cette chère dame,
le 7 de ce mois.

— Alors il n'est pas étonnant qu'elle ne nous soit

pas parvenue ; car nous sommes partis le 5, et, au lieu de nous rendre directement ici, nous sommes allés d'abord à Paris, où nous avons séjourné jusqu'au 17. Mais, monsieur le curé, si vous vous rappelez le contenu de cette lettre, veuillez, je vous prie, me le faire connaître, au moins en partie ; car je suis bien impatiente de savoir ce que me disait cette chère amie dans de si tristes circonstances.

— Elle me l'a fait lire plusieurs fois devant elle, et, n'ayant plus la force d'écrire, elle m'en a dicté plusieurs phrases qui sont même restées inachevées... Après sa mort j'ai repris la plume en mon nom, pour vous donner quelques détails édifiants sur les derniers moments de cette sainte femme, et sur la malheureuse catastrophe qui était venue fondre si inopinément sur cette honnête famille. Je puis donc vous redire, sinon les expressions mêmes, au moins le sens de cette lettre ; elle commence à peu près ainsi : « La dernière fois que je vous ai « écrit, j'étais heureuse autant qu'il est donné à « une créature humaine de l'être sur la terre ; mon « mari était toujours pour moi tel que vous l'avez « connu, tendre, empressé, prévenant ; une char- « mante enfant, gaie, joyeuse, et d'une santé floris- « sante, croissait entre nous, et resserrait notre « affection mutuelle ; la fortune semblait nous sou- « rire, et mon mari, dont je ne connaissais pas, « il est vrai, les affaires, me répétait souvent que « jamais il n'avait été plus heureux dans ses spé- « culations, et qu'un jour notre fille serait la plus « riche héritière de Verneuil, et peut-être de tout

« le département de l'Eure. Il ne manquait plus à
« ma félicité que de vous voir, de vous embrasser ;
« et ce bonheur j'allais bientôt le goûter, puisque
« votre dernière lettre m'annonçait que votre voyage
« était irrévocablement arrêté pour cette année.
« Mais voilà que tout à coup le vent de l'adversité
« est venu souffler sur cette fortune si brillante et
« que je croyais si solide, et l'a dissipée comme une
« fumée, comme une vapeur fantastique. Nous
« sommes ruinés, ma chère amie, ruinés de fond en
« comble, et celle que son père se plaisait à nom-
« mer la riche héritière de Verneuil sera peut-être
« réduite à la mendicité... » Voilà à peu près, ajouta
le curé, tout ce qu'elle avait écrit de sa propre
main quelques jours seulement après la catastrophe,
c'est-à-dire vers le commencement du mois de
juillet ; puis une foule de démarches et de voyages
qu'elle fut obligée de faire la forcèrent de la suspendre, et ce n'est que vers la fin d'août, au retour
d'un voyage qu'elle venait de faire à Évreux, pour
assister à je ne sais quelle assemblée de créanciers,
qu'elle retrouva cette lettre, et qu'elle entreprit de
l'achever. Mais déjà elle était atteinte de cette maladie dont elle est morte, et sa main faible et trem-
blante ne pouvait plus écrire ; c'est alors qu'elle me
pria de lui servir de secrétaire, et qu'elle me dicta
quelques phrases que j'écrivis à la suite de celles
que je viens de vous citer. Voici, autant que je
puis me le rappeler, ce qu'elle vous disait : « Après
« vous avoir si souvent engagés depuis tant d'années
à venir nous voir, aujourd'hui je me vois forcée
« de vous prier de suspendre cette visite que j'ai

« longtemps et si vivement désirée. Au milieu des
« chagrins et des ennuis de toute espèce dont je
« suis accablée, ce n'est pas le moindre, croyez-le
« bien, que d'être obligée de renoncer au bonheur
« de vous voir et de vous embrasser. C'est encore
« un de ces sacrifices que je mets au pied de la
« croix, espérant qu'il m'en sera tenu compte. —
« Je voudrais vous raconter l'histoire de nos mal-
« heurs, mais je n'en ai ni le temps ni la force ; car,
« vous le voyez, je suis obligée d'employer une
« main étrangère pour vous tracer ces lignes... Je
« voudrais surtout m'entretenir avec vous de deux
« choses qui me tiennent au cœur : la première est
« de justifier mon mari des accusations dont il est
« l'objet et qui retentiront peut-être jusqu'à vous... »
Ici, dit le curé, elle voulut essayer de me dicter une
espèce de mémoire justificatif de la conduite de son
mari ; mais cette entreprise était au-dessus de ses
forces. Je lui fis observer qu'il était inutile de se
fatiguer, que je connaissais tous les détails de cette
affaire aussi bien qu'elle-même (j'aurais pu ajouter :
mieux qu'elle-même), et que je me chargeais de
vous en instruire en continuant moi-même la lettre
qu'elle avait commencé à me dicter, et en lui sou-
mettant préalablement tout ce que je vous aurais
écrit. Hélas ! je n'ai pas même pu accomplir cette
dernière promesse : la pauvre femme est morte
avant que j'eusse terminé la lettre, ainsi que je
vous le dis et que vous le verrez quand elle vous
sera remise. »

Le récit du curé de Verneuil avait vivement ému
ses visiteurs, et il se fit un instant de silence après

qu'il eût cessé de parler. M. de Savigny le rompit
le premier.

« Monsieur le curé, dit-il, vous avez sans doute,
dans la fin de cette lettre, justifié, comme le désirait
sa femme, M. de Bellemare des accusations infâmes
que j'ai entendu aujourd'hui même porter contre
lui. Auriez-vous la bonté de nous répéter ce que
vous nous avez écrit à ce sujet, et que nous ne verrons qu'à notre retour chez nous?

— Je ferai mieux, répondit le digne curé; car ce
que je vous ai écrit est très succinct, et ce que je
puis vous dire de vive voix sera plus étendu et plus
explicite.

« Je commencerai par vous déclarer que les accusations dont vous parlez, et que j'ai entendu souvent répéter, sont des calomnies.

— Ah! monsieur le curé, s'écria M. de Savigny
avec un soupir de soulagement, que ces paroles dans
votre bouche me font du bien! Non que j'aie douté
un instant de mon ami; mais je n'étais pas en mesure de répondre à ceux qui l'auraient calomnié
devant moi, et maintenant je pourrai leur opposer
un témoignage irrécusable.

— Je conçois, Monsieur, reprit le curé, combien
on est heureux, quand on a donné son estime et
son amitié à un homme, d'apprendre que dans une
affaire aussi déplorable que celle de M. de Bellemare,
il n'y a eu de sa part ni inconduite ni mauvaise foi,
et que, loin d'avoir cherché à soustraire quelque
partie de son actif pour en frustrer ses créanciers,
il est parti sans emporter un centime de ce qui leur
appartenait légitimement. Voilà des faits dont la

3

preuve a été établie de la manière la plus claire et la plus positive par les enquêtes judiciaires qui ont eu lieu, et par l'examen de ses livres et de ses correspondances, ce qui n'empêche pas les calomnies d'aller leur train.

— Mais comment se fait-il, observa M. de Savigny, puisqu'il n'était pas coupable d'actions frauduleuses et qu'il lui était si facile de se justifier, qu'il ait pris la fuite et abandonné le champ libre à l'accusation?

— Ou au moins, ajouta Mme de Savigny, pourquoi n'a-t-il pas emmené sa femme et son enfant avec lui?

— Je vais répondre à vos deux questions, tout en reprenant les choses d'un peu haut et en vous faisant connaître les causes qui ont amené la ruine de M. de Bellemare.

« Quoiqu'on ne puisse accuser M. de Bellemare ni d'inconduite, ni de mauvaise foi, ni de fraude, on ne saurait dire cependant qu'il soit exempt de tout reproche dans la gestion de ses affaires: il en est trois surtout que j'ai entendu articuler par des personnes sérieuses, et ces reproches, malheureusement trop fondés, ont une certaine gravité. Le premier est d'avoir formé une entreprise de banque et de commerce assez considérable sans avoir préalablement acquis les connaissances nécessaires à l'exercice de cette profession; de là il a été fréquemment entraîné à commettre des bévues, à faire des écoles très dispendieuses, et à acheter ainsi fort cher l'expérience qui lui manquait. Le second, qui est en partie une conséquence du premier, est d'avoir souvent

manqué de prudence dans la direction de ses opérations, dont quelques-unes sont devenues rui-
neuses pour avoir été mal combinées. Le troisième
reproche est d'avoir donné trop souvent et trop légère-
ment sa confiance à des hommes qui ne la méri-
taient pas et qui en ont indignement abusé. C'était,
me dira-t-on, la preuve de la franchise et de la
loyauté de son caractère, qui était porté à juger les
autres d'après lui-même; ce reproche ne saurait donc
lui attirer un blâme sévère. Non, sans doute, s'il
s'agissait de relations ordinaires et d'intérêts privés;
mais quand on est dépositaire de la fortune des
autres, on ne doit l'engager qu'à bon escient, et ne
se fier qu'aux hommes dont on est aussi sûr que de
soi-même. Malheureusement c'est ce que ne faisait
pas toujours M. de Bellemare, et c'est ce qui a précipité la catastrophe; voici comment :

« Une des principales opérations auxquelles il se
livrait était l'achat des chevaux pour les gros marchands de Paris. Les fonctions d'écuyer qu'il avait
remplies longtemps dans les écuries du roi lui avaient
donné une aptitude réelle pour ce genre d'acquisition; elles l'avaient mis en rapport avec la plupart
des marchands de chevaux de la capitale et avec
les premiers éleveurs de Normandie. Personne mieux
que lui ne savait juger les qualités d'un cheval et
en déterminer la valeur, ce qui ne l'empêcha pas
d'être trompé souvent par nos maquignons normands. Mais les pertes les plus cruelles qu'il eut
à essuyer vinrent de plusieurs marchands de Paris
avec lesquels, après maintes opérations très lucra-
tives, il se trouva en avance pour des sommes consi-

dérables. Tout à coup deux ou trois de ces marchands avec lesquels il se trouvait) plus fortement engagé firent faillite; presque en même temps deux maisons de commerce, l'une de Pont-Audemer, l'autre de Laval, vinrent également à manquer, et il éprouva dans ces diverses faillites des pertes énormes, auxquelles il lui fut impossible de faire face.

« Forcé lui-même de déposer son bilan, il fut frappé d'une douleur violente, au point de lui faire presque perdre la raison. En vain ses amis et ses conseils cherchèrent à le consoler, en lui répétant que son malheur était de ceux qui excitaient la compassion et non le mépris des honnêtes gens; il ne pouvait se faire à l'idée que son nom, le nom qu'il avait reçu intact de ses pères, serait désormais souillé de la tache d'une faillite.

« Ce fut alors qu'il prit la résolution de quitter la France et d'aller cacher sa honte à l'étranger, sans doute avec le vague espoir d'y rétablir sa fortune, et de revenir un jour dans sa patrie satisfaire tous ses anciens engagements et réhabiliter son nom. Il se trouvait à Évreux, où il était venu déposer son bilan, quand il forma ce projet, et il voulut le mettre immédiatement à exécution, sans revenir à Verneuil, où il avait laissé sa femme et son enfant, mais où il aurait eu honte de reparaître...

— Comment! Monsieur, interrompit Mme de Savigny, il est parti sans voir sa femme, sans lui dire adieu! Mais c'est affreux, cela!

— Il est parti effectivement sans voir sa femme, mais non sans lui dire adieu; seulement il l'a fait par une lettre, où il expliquait les motifs de son départ précipité et les causes qui l'empêchaient d'aller embrasser sa femme et son enfant. Cette lettre, dans laquelle il montre le plus vif attachement pour ces deux êtres si chers, dénote parfois le désordre de ses idées et l'exaltation de sa tête au moment où il l'écrivait. Je pourrais bien vous citer de mémoire quelques fragments, car je l'ai lue plusieurs fois; mais je puis faire mieux encore; j'en ai ici une copie, que Mme de Bellemare m'a adressée pour me consulter dans une circonstance particulière dont je vous parlerai tout à l'heure, et je vais vous la communiquer. »

En disant ces mots, le curé sortit un instant, et rentra presque aussitôt avec une lettre, qu'il remit à Mme de Savigny : celle-ci la prit aussitôt et la lut à haute voix. Nous ne la reproduirons pas en entier, à cause de son étendue, mais nous en donnerons, dans le chapitre suivant, les passages les plus importants par rapport à notre histoire.

IV

« De tous les tourments auxquels je suis en proie
« depuis quelques jours, disait M. de Bellemare à sa
« femme, le plus cruel est de me séparer de vous
« et de notre chère enfant, et de m'en éloigner
« pour un temps dont je ne puis déterminer la
« durée. Je sais que je pouvais facilement obtenir
« ce qu'ils appellent dans leur langage un ater-
« moiement ou un concordat, et qu'il m'eût été
« permis de rester libre, même de reprendre mes
« travaux, mais j'aurais toujours porté au front la
« tache de failli; il m'eût semblé que tous les regards
« se seraient portés sur moi pour y lire cette marque
« déshonorante; je n'aurais plus osé vous embrasser,
« ni vous ni ma petite Jeanne, de crainte de laisser
« sur vos fronts si purs une empreinte de la souil-
« lure qui couvre le mien... Si je vous avais vue
« avant mon départ, vous auriez peut-être fait tous
« vos efforts pour me retenir; moi je n'aurais pu

« résister à vos instances, et il m'aurait fallu vivre
« de cette vie de honte dont l'idée seule me fait fris-
« sonner; ou bien vous auriez voulu me suivre.
« Mais jamais je n'aurais eu la lâcheté de vous faire
« partager les vicissitudes et les hasards de mon
« exil. Si la fortune me sourit encore, si des temps
« plus heureux viennent à luire pour nous, je me
« hâterai de vous appeler auprès de moi, ou plutôt
« j'accourrai vous serrer dans mes bras, car alors
« je pourrai le faire sans rougir. »

Il lui parlait ensuite avec quelques détails de ses
projets pour l'avenir. Il allait se rendre à Londres
chez un ancien ami de sa famille auquel il avait
rendu autrefois d'éminents services. Cet homme
était aujourd'hui une des sommités de la banque et
du haut commerce de la Cité, et il pourrait facilement, par son intermédiaire, obtenir un emploi qui
lui permettrait de réparer ses malheurs.

« En attendant l'heureuse époque de notre réu-
« nion, j'ai du moins la satisfaction de vous savoir
« à l'abri du besoin; car j'ai eu soin, avant mon
« départ, de mettre vos intérêts à couvert. J'avais,
« comme vous le savez, et d'après votre consen-
« tement, employé les fonds de votre dot dans mes
« affaires; mais comme le montant de cette dot est
« constaté par notre contrat de mariage, qui a été
« publié, quand je suis entré dans le commerce,
« avec les formalités d'usage, il en résulte que vous
« toucherez intégralement cette somme, s'élevant
« à cent mille francs, laquelle sera prélevée, avant
« toute distribution, sur l'actif de la faillite. Vous
« placerez ces fonds, soit chez M. Bichet, votre

« notaire, soit en rentes sur l'État, et vous en tou-
« cherez un revenu suffisant, vous qui n'avez pas le
« goût de la dépense ni du luxe, pour vivre hono-
« rablement, vous et votre chère fille... »

— Mais alors, observa M. de Savigny après avoir
entendu ce passage, il ne l'a donc pas laissée dans
la misère, comme on le disait. Grâce à Dieu, voilà
encore une calomnie contre ce pauvre Bellemare
complètement détruite.

— Il serait plus juste de dire, reprit le curé, qu'il
ne croyait pas la laisser dans la misère; mais il
comptait sans l'extrême délicatesse et les scrupules
de conscience de sa femme.

— Comment! dit Mᵐᵉ de Savigny, est-ce qu'elle
n'a pas voulu profiter du privilège que lui accordait
la loi?

— Non, Madame; et voici le raisonnement que
dans son bon sens et dans sa conscience elle se
faisait à elle-même : « Il ne s'agit pas ici, disait-
elle, de loi ni de contrat de mariage, il s'agit de
savoir si j'ai engagé volontairement ma dot dans les
entreprises de mon mari, avec l'espoir d'en tirer un
bénéfice, de la doubler peut-être; et c'est ce que
j'ai fait. J'ai donc agi comme la plupart des autres
personnes qui ont placé des fonds chez lui; mais
avec cette différence que ceux-ci couraient également
des chances de bénéfices et de pertes, tandis que
moi je n'aurais profité que de chances favorables
sans m'exposer aux chances contraires; je serais
comme un joueur qui profiterait de tous les gains
d'une partie, et qui ne pourrait jamais perdre son
enjeu. Cela peut-il être juste? cela peut-il être loyal?

Je ne le crois pas ; quand toutes les subtilités des avocats voudraient me prouver le contraire, je pourrais peut-être ne pas trouver dans mon esprit les arguments pour leur répondre, mais assurément j'en trouverais un dans ma conscience, qui me crierait : Non, cela n'est ni juste ni loyal. » Et, comme si elle faisait la chose du monde la plus simple, la plus naturelle, elle a déclaré à la première assemblée des créanciers qu'elle faisait entier abandon de ses reprises matrimoniales en faveur des créanciers de son mari. Inutile de vous dire quel a été l'étonnement de ces derniers ; ils ne voulaient pas croire d'abord qu'une pareille déclaration fût sérieuse ; enfin force leur fut de se rendre à l'évidence, quand ils la virent accomplir toutes les formalités nécessaires pour un pareil abandon. Alors la surprise a fait place à l'admiration ; chacun a loué la noblesse de procédés et le désintéressement de Mᵐᵉ de Bellemare. Quelques-uns des gros créanciers, voulant à leur tour se montrer généreux, proposèrent de ne pas recevoir l'abandon total tel qu'elle le proposait, mais de placer sa créance au rang des autres, afin qu'elle ne subît comme ces dernières qu'une dépréciation proportionnelle et au marc le franc. Mais Mᵐᵉ de Bellemare ne voulut pas même que cette proposition fût discutée. « Ma créance, dit-elle, ne ressemble à aucune des vôtres, Messieurs ; j'étais même plus que l'associée de mon mari, puisque nous ne faisions qu'un aux yeux de la loi divine comme devant la loi humaine. J'ai partagé les faveurs qu'il a reçues de la fortune, je dois partager les disgrâces qu'elle lui envoie. Il vous a fait l'abandon de tout ce qu'il possédait, sans aucune réserve; je dois l'imiter, trop heureuse si ce sacrifice peut aider à diminuer la profondeur de notre déficit, et nous donner plus de facilité pour le combler bientôt tout à fait ! » Enfin, tout ce qu'on put lui faire accepter, ce fut le mobilier garnissant sa chambre à coucher, et quelques autres meubles de ménage.

— Ainsi la pauvre femme était donc réellement réduite à la misère, dit Mme de Savigny avec un profond soupir. Mais enfin, monsieur le curé, permettez-moi de vous le faire observer: cette loi qui a pour objet de préserver le bien des femmes de la mauvaise gestion de leurs maris n'est-elle pas au fond une loi salutaire, et par conséquent parfaitement juste? Et n'auriez-vous pas pu lui dire, puisqu'elle a dû vous consulter, qu'elle pouvait, à ce qu'il me semble, sans blesser sa conscience, user des bénéfices de cette loi ?

— Je conviens avec vous, Madame, que cette loi est salutaire, et qu'elle est, comme la plupart des lois humaines, fondée sur la raison et la justice ; mais combien d'abus se commettent trop souvent à l'abri de cette même loi ! Ne voyons-nous pas tous les jours des hommes qui, après avoir fait des faillites, je dirai même des banqueroutes scandaleuses, vivent dans l'opulence avec la fortune réelle et le plus souvent exagérée qu'ils ont reconnue à leur femme dans leur contrat ? N'est-ce pas là se servir de la loi comme d'un manteau pour commettre une injustice, disons le mot, un véritable vol ? et les femmes qui se prêtent à de telles machinations ne se rendent-elles pas complices de ce vol? Je le sais, et je me hâte de le proclamer, Mme de Bellemare n'était point dans ce cas ; la dot portée sur son contrat de mariage était bien légitimement à elle, et personne n'aurait pu la blâmer d'user des avantages que la loi lui offrait pour la mettre à l'abri ; mais, d'une part, sa délicatesse s'est effrayée d'être confondue avec les femmes dont je parlais tout à l'heure, et, de l'autre, elle a cru, par les raisons que je vous ai dites, sa conscience engagée à agir comme elle l'a fait. Si elle m'eût consulté comme homme, peut-être lui aurais-je conseillé de tâcher de ménager davantage ses intérêts et ceux de son enfant ; mais en me consultant comme prêtre (je ne dis pas comme confesseur, car dans ce cas je ne me souviendrais de rien), je n'ai pu que chercher à éclairer sa conscience ; mais je n'ai pas dû lui conseiller d'agir contre elle.

— Ainsi la pauvre femme se trouvait sans ressources ? Et comment comptait-elle faire pour vivre ?

— Elle comptait sur son travail pour subvenir à ses besoins et à ceux de son enfant ; et cette perspective, loin de l'effrayer, semblait lui sourire agréablement et relever son courage et sa confiance en Dieu. Du reste, le travail ne lui aurait pas manqué ; elle avait beaucoup de talent, et les dames bénédictines, qui tiennent dans notre ville un pensionnat renommé, l'avaient déjà choisie pour donner des leçons de musique et de dessin à leurs élèves, et de plus elles s'étaient engagées à prendre chez elles sa petite fille quand elle serait en âge d'entrer en pension ; en outre, elle brodait d'une manière admirable, et ses ouvrages dans ce genre eussent été très recherchés et très bien payés.

— Mais son mari, demanda M. de Savigny, en a-t-elle eu. des nouvelles depuis son départ pour l'Angleterre? Ne lui a-t-il fait passer aucun secours? avait-il été bien reçu par son ami sur lequel il comptait pour rétablir sa fortune?

— Hélas! Monsieur, répondit tristement le curé, vos questions me rappellent le souvenir du plus profond chagrin auquel j'ai vu Mme de Bellemare en proie. Pendant près d'un mois depuis le départ de son mari, elle attendait chaque jour de ses nouvelles avec une anxiété sans cesse croissante. Enfin elle reçoit une lettre dans laquelle son mari lui annonce qu'après une traversée pénible du Havre à Londres, il est arrivé malade dans cette dernière ville, et qu'il a été obligé de garder le lit jusqu'au moment où il lui écrit: il n'a donc pu faire encore aucune démarche pour trouver la personne qu'il était venu chercher; mais maintenant sa santé est parfaitement rétablie; il va commencer immédiatement ses recherches, et sous peu de jours il lui en fera connaître le résultat. Huit jours après, nouvelle lettre. Son ami n'est pas en Agleterre: il est allé à Calcutta pour des affaires importantes relatives à la compagnie des Indes, dont il est un des directeurs. « Cette nouvelle, ajoutait M. de Bellemare, m'a jeté « dans la consternation; une sorte de fatalité semble « donc attachée désormais à tous mes rêves, à toutes « mes espérances, à toutes mes entreprises! Que « devenir maintenant, seul au milieu de cette ville « immense, trois ou quatre fois grande comme

« Paris, où je suis étranger, et où je ne rencontre
« même pas une figure de connaissance! Je compris
« alors pour la première fois qu'il est des situations
« où la vie devient un fardeau tout à fait au-dessus
« de nos forces, si la religion ne nous aide pas à le
« supporter; je compris alors parfaitement que ceux

« Monsieur de Bellemare, me dit-il, votre situation est grave. »

« qui ne sont pas soutenus par elle cherchent dans
« une mort volontaire un refuge contre les maux
« qui nous accablent sans espoir de relâche. Vous
« l'avouerai-je? ces tristes pensées me préoccupèrent
« tellement, qu'un instant je me sentis faiblir, et que
« l'idée de m'affranchir d'une existence aussi insup-
« portable s'empara peu à peu de mon esprit, malgré
« les efforts que je faisais pour la repousser. J'avais
« beau la combattre par les raisonnements que la

« religion nous enseigne, et surtout par votre sou-
« venir et celui de mon enfant, cette fatale idée
« me poursuivait toujours, et semblait s'attacher
« de plus en plus à mes pas pour me pousser à
« l'abîme. Tandis que j'errais au hasard dans les rues
« de cette vaste cité, toujours harcelé par les mêmes
« tentations, je me trouvai, je ne sais comment, à
« la porte d'une chapelle catholique. J'y entrai, je
« puis dire presque machinalement, et je m'age-
« nouillai à l'autel de la sainte Vierge. Les pensées
« qui me préoccupaient un instant auparavant
« avaient tout à coup disparu. Je me sentis disposé
« à prier, et je priai avec ferveur. Je ne sais pas
« combien de temps je suis resté dans cette église ;
« mais j'en suis sorti tout autre que je n'y étais
« entré. Mon cœur était soulagé, et il me semblait
« qu'une voix intérieure me répétait sans cesse :
« Courage ! espérance !

« Je marchais depuis quelque temps sans but
« déterminé et sans savoir où j'étais, quand je
« m'aperçus tout d'un coup que j'étais dans la Cité,
« entre Saint-Paul et la Tour de Londres, où les gros
« commerçants de cette ville tiennent leurs comp-
« toir, tandis qu'ils ont tous leurs maisons d'habi-
« tation dans les beaux quartiers de West-End, ou
« dans les environs de la ville. Il me vint à l'idée
« d'aller dans l'établissement de M. Walston (vous
« savez que c'est le nom de l'ami que j'étais venu
« chercher à Londres) ; le matin je m'étais présenté
« à son domicile dans Piccadilly, et le domestique
« qui m'avait appris son voyage pour les Indes
« m'avait engagé à parler à son associé, que je trou-

« verais à son bureau dans la Cité, croyant sans
« doute que je venais pour traiter quelque affaire
« de banque ou de commerce. Comme je ne connais-
« sais pas même le nom de l'associé de M. Walston,
« et que c'était ce dernier seul que je désirais voir,
« je fis à peine attention à ce que m'avait dit le
« domestique, et je sortis le désespoir dans l'âme,
« ainsi que je viens de vous le raconter. Mais, me
« trouvant dans le voisinage du bureau de la maison
« *Walston and C°*, il me prit fantaisie d'y entrer,
« ne fût-ce que pour avoir des renseignements plus
« positifs sur le voyage du chef de cette maison et
« sur la durée de son séjour aux Indes. J'avais
« oublié l'adresse que m'avait donnée son domes-
« tique ; mais la première personne que je rencon-
« trai dans Fleet Street m'indiqua la maison.

« L'associé de M. Walston, à qui j'avais fait
« remettre ma carte, au lieu de me recevoir avec cette
« politesse froide et réservée ordinaire aux Anglais,
« vint à moi le sourire aux lèvres, en me deman-
« dant en très bon français si j'étais M. de Belle-
« mare, de Verneuil en France. Je répondis affirma-
« tivement, et en rougissant. « En ce cas, dit-il en
« me prenant la main, qu'il serra cordialement,
« soyez le bienvenu dans la maison de M. Walston,
« et, quoiqu'il soit en ce moment absent pour
« un petit voyage de quelques milliers de lieues,
« regardez-moi comme son représentant, son *alter*
« *ego*, et veuillez accepter chez moi l'hospitalité
« qu'il aurait eu tant de bonheur à vous offrir lui-
« même s'il eût été ici. »

« Cet accueil cordial me toucha au delà de toute

« expression, et excita ma confiance. Je répondis à
« M. Barclay (c'est le nom de l'associé de M. Walston)
« que j'acceptais son invitation, mais à une condi-
« tion, c'est que j'aurais auparavant avec lui un
« entretien confidentiel. « Eh bien ! me répondit-il,
« pour que nous soyons parfaitement libres, venez
« dîner avec moi à mon club ; d'ici là j'aurai ter-
« miné les affaires qui me retiennent à mon bureau ;
« nous passerons la soirée ensemble, et nous cause-
« rons sans crainte d'être dérangés par personne. »

« Je n'eus garde, comme vous le pensez bien, de
« manquer à cette gracieuse invitation. Comme je
« témoignais à M. Barclay mon étonnement de la
« réception qu'il me faisait, quoique je lui fusse
« complètement inconnu, et que je ne lui eusse jamais
« été présenté (formalité indispensable pour être
« reçu avec une certaine intimité par les Anglais) :

« — Oh ! me répondit-il, il y a bien des années que
« je vous connais ; M. Walston ne m'a pas laissé
« ignorer les rapports qu'il a eus avec vous autre-
« fois, et toute la reconnaissance qu'il devait à
« monsieur votre père et à vous-même. Le nom de
« Bellemare est une lettre de crédit permanent et
« illimité sur la maison Walston and C°, et vous
« êtes par vous-même le meilleur introducteur au-
« près des représentants de cette maison. »

« De plus en plus encouragé par ces paroles, je
« me décidai à lui faire l'aveu sincère de ma situation
« et des motifs qui m'avaient fait venir à Londres.

« M. Barclay m'écouta avec la plus grande atten-
« tion, et, quand j'eus fini de parler, il réfléchit
« longtemps à ce que je lui avais dit.

« J'attendais avec anxiété sa réponse, comme un
« accusé attend la sentence du juge.

« Enfin, après un quart d'heure de méditation,
« relevant la tête, qu'il avait tenue jusque-là appuyée
« sur sa main droite, il me dit : « Monsieur de Bel-
« lemare, votre situation est grave ; mais elle n'est
« pas désespérée. Seulement, pour en sortir, il faut
« un de ces moyens énergiques et puissants, comme
« ces remèdes qu'on emploie dans certaines mala-
« dies dangereuses, quand la constitution du malade
« le permet. Dans ces cas-là, les palliatifs, les demi-
« mesures ne pourraient produire qu'un effet désas-
« treux. Dans votre embarras, vous êtes venu vous
« adresser à M. Walston, votre ami ; il eût été
« touché de cette confiance et aurait fait tout son
« possible pour y répondre ; en son absence, je
« puis vous rendre les mêmes services qu'il vous
« eût rendus lui-même. Vous vouliez lui demander
« un emploi, une position qui vous mette à même
« de remonter vos affaires honorablement. Mais il
« n'aurait pu vous procurer qu'un emploi subal-
« terne, qui ne serait pas votre fait et vous offrirait
« trop peu d'avantages ; ou bien vous vous seriez mis
« à la tête de quelque entreprise, et il vous eût
« sans difficulté crédité de quelques milliers de
« livres sterling. Tout cela, je puis le faire comme
« lui ; mais ce ne sont encore là que de ces pallia-
« tifs dont je parlais tout à l'heure. Dans un emploi
« subalterne, vous végéteriez pendant de longues
« années avant d'atteindre la position à laquelle
« vous aspirez ; d'ailleurs, ces sortes d'occupations
« ne conviennent qu'à des débutants ou à des jeunes

« gens; vous n'êtes plus d'un âge à vous mettre en
« sous-ordre et à recommencer péniblement une
« longue carrière. Resterait une entreprise à former
« et que vous dirigeriez vous-même; mais laquelle?
« Dans ce pays où tout le monde est commerçant,
« tous les débouchés sont encombrés, et la concur-
« rence est énorme. Puis permettez-moi de vous
« le dire, un des premiers éléments de succès est
« la confiance en soi-même, et peut-être cette con-
« fiance en vous-même serait-elle ébranlée par le
« souvenir de l'échec récent que vous avez éprouvé
« dans votre pays, et par la crainte d'en subir un
« semblable dans un pays étranger dont les mœurs,
« les usages et la langue même vous sont peu fami-
« liers. » Je reconnaissais la justesse de ses obser-
« vations, et j'attendais avec impatience qu'il me fit
« savoir où il voulait en venir. Enfin, quand il eut
« terminé l'énumération de ce qu'il appelait des
« palliatifs, il aborda la grande question, celle du
« remède énergique et souverain qu'il voulait me
« proposer. Après une pose d'environ une minute,
« il reprit en ces termes : « Non, monsieur de Bel-
« lemare, ce n'est pas en France, ce n'est pas en
« Angleterre, ce n'est pas en Europe que vous pou-
« vez, à mon avis, refaire promptement votre for-
« tune. Il faut aller dans un autre monde, où les
« éléments du succès s'offriront à vous avec facilité,
« et, pour ainsi dire, à foison ; dans un monde où
« votre capacité, vos talents et votre expérience
« trouveront un emploi que la vieille Europe ne
« saurait leur donner. Ce n'est pas un projet fan-
« tastique, mais bien un projet sérieux que je vous

« propose et qu'il ne tient qu'à vous de réaliser à
« l'instant même. Un vaisseau de la compagnie des
« Indes est en ce moment en partance pour Cal-
« cutta. Une partie du fret appartient à la maison
« Walston and C⁰, embarquez-vous sur ce navire ;
« votre passage ne vous coûtera rien. Quand vous
« serez arrivé à Calcutta, M. Walston sera heureux
« de vous procurer, soit par ses relations, soit direc-
« tement, une occupation cent fois plus lucrative que
« celle que vous pourriez espérer en Europe. Vous
« parlez passablement l'anglais, vous l'écrivez mieux
« encore : c'en est assez, avec l'intelligence et les
« connaissances que vous avez, pour arriver en trois
« ou quatre ans à une fortune plus belle que celle
« que vous avez perdue, et en dix ans, si vous per-
« sistez, à une fortune colossale. Maintenant réflé-
« chissez et décidez-vous promptement, car le bâti-
« ment est à l'ancre à Greenwich, et doit mettre à
« la voile par la marée de demain soir ; ainsi que
« j'aie votre réponse demain avant midi, afin que
« j'aie le temps de prévenir le capitaine et de vous
« faire préparer un logement. »

« Je n'entreprendrai pas de vous faire part des
« réflexions qui m'ont occupé pendant toute la
« nuit, que je passai sans fermer l'œil un instant.
« Enfin, après avoir bien balancé le pour et le contre,
« j'ai fini par me persuader que c'était la Provi-
« dence elle-même qui m'offrait cette planche de
« salut, au moment où j'avais failli succomber sous
« le désespoir. Ces paroles réconfortantes qu'elle
« m'avait fait entendre la veille au sortir de l'église
« retentissaient encore dans mon cœur comme un

« avertissement salutaire. Enfin avant midi j'étais
« chez M. Barclay, et le soir à six heures je mon-
« tais à bord du *Queen-Victoria*, qui doit me trans-
« porter aux Indes ; c'est de la petite chambre qui
« va me servir d'habitation pendant la traversée
« que je vous écris cette lettre. Singulière destinée !
« c'est pour me rapprocher plus tôt de vous que
« je m'en éloigne de quatre mille lieues ! Dans trois
« ans nous nous reverrons ; d'ici là adoptons l'un
« et l'autre cette devise : Courage ! espérance ! »

Un long *post-scriptum* terminait cette lettre
qu'il n'avait close qu'au moment où le bateau-pilote
quittait le navire pour retourner à terre. Aussi,
terminait-il en disant: « Quand vous lirez ces lignes,
« je serai au milieu de l'océan Atlantique. »

« Je ne saurais vous peindre, continua le curé,
les sentiments divers qui agitèrent le cœur de
Mᵐᵉ de Bellemare à la lecture de cette longue
épître. Elle pleura amèrement, et mes efforts furent
vains pour la consoler. Elle répétait souvent : « Il
« ajourne notre réunion à trois ans; ah ! nous ne
« nous reverrons jamais sur la terre ! »

« Ce fut pendant qu'elle était encore sous le coup
de cette douleur poignante qu'elle fut obligée d'aller
à Évreux, comme je vous l'ai dit, pour une nouvelle réunion de créanciers, et qu'à son retour elle
fut attaquée d'une maladie grave, compliquée de
toutes ses peines morales auxquelles les médecins
ne pouvaient porter remède. Elle succomba après
quelques jours de souffrances, en montrant une
résignation angélique et en priant jusqu'à son dernier soupir pour son mari et pour son enfant. »

V

Il se fit un nouveau silence après ces dernières paroles du curé, et ce fut cette fois Mme de Savigny qui le rompit en disant : « Pauvre chère amie ! ah ! combien elle a dû souffrir ! car elle a eu beau vouloir excuser les fautes de son mari, et vous-même, monsieur le curé, permettez-moi de vous le dire, votre esprit de charité a beau vouloir pallier les torts de cet homme, je trouve inqualifiable sa conduite envers sa femme. Sans doute il n'est pas coupable de toutes les infamies qu'on lui reproche ; il n'a pas été un banqueroutier frauduleux, c'est-à-dire un voleur ; mais c'est de la probité la plus vulgaire, et il n'en a pas moins abandonné sa femme et son enfant au sort le plus déplorable, et cela sous le prétexte chimérique d'aller courir après la fortune dans l'Angleterre et dans les Indes.

— Madame, répondit le curé, permettez-moi de vous faire observer que je n'ai point cherché à pallier les torts de M. de Bellemare ; car je vous ai dit qu'il avait apporté dans la gestion de ses affaires trop de légèreté, trop de confiance ; cependant ne nous hâtons pas de le juger trop sévèrement ; il n'est pas donné à tout le monde d'avoir un esprit ferme, inébranlable, et dans certaines circonstances, quand le malheur vous accable, on ne saurait faire un reproche sérieux, même à des hommes qu'on croyait solidement trempés, d'éprouver certaines défaillances, et de ces moments de faiblesse comme vous avez pu en remarquer dans les lettres de M. de Bellemare ; mais c'est un motif pour le plaindre plutôt que de le juger avec sévérité. C'est bien ainsi que sa pauvre femme le jugeait, et c'est ainsi qu'elle eût désiré vous le faire apprécier à vous-même, quand à son lit de mort elle avait entrepris sa justification auprès de vous, tâche dont j'ai été obligé de me charger, et qu'elle eût probablement mieux remplie que moi.

— Je ne le pense pas, monsieur le curé, répliqua Mⁿᵉ de Savigny; car je connaissais l'excellent-cœur d'Émilie, toute sa tendresse pour son mari, et je me serais défiée d'une apologie sortie de sa bouche, tandis que vous, Monsieur, si vous avez jugé M. de Bellemare avec l'indulgence et la charité du prêtre, vous l'avez jugé aussi avec la conscience et l'impartialité du magistrat. Mais enfin, laissons de côté ce sujet, qui était, d'après la lettre de mon amie, la première chose dont elle voulait m'entretenir, et que, je crois, nous avons épuisé, et venons à la seconde, qu'elle ne fait que m'annoncer, sans même me dire de quoi il s'agit.

— Ah ! Madame, cette seconde chose qui lui tenait tant au cœur, selon son expression, et qu'elle n'a pas eu la force de vous écrire, mais dont elle m'a souvent entretenu de vive voix et presque jusqu'à ses derniers moments, c'était de sa fille bien-aimée, de sa petite Jeanne, qu'elle voulait parler. « Oh ! me disait-elle bien souvent, si je pouvais recommander cette chère enfant à ma bonne Louise, à mon amie, je suis sûre qu'elle l'aimerait, qu'elle voudrait être sa protectrice, et peut-être sa seconde mère, et alors je mourrais contente ! » Quelques instants avant sa mort, après avoir reçu les derniers sacrements, au moment où j'allais commencer pour elle les prières des agonisants, elle me dit encore d'une voix qui n'était qu'un souffle : « Mon père, n'oubliez pas, je vous prie, de recommander ma fille à mon amie. — Soyez tranquille, mon enfant, je ne l'oublierai pas. — Mon Dieu, je vous remercie, fit-elle ; daignez maintenant recevoir mon âme entre vos mains ! » Et, en disant ces mots, elle exhala son dernier soupir.

— Pauvre chère amie, s'écria Mme de Savigny vivement émue, repose en paix ! Tes derniers vœux sont sacrés pour moi ; oui, ton enfant sera mon enfant, et elle aura trouvé une seconde mère !

— Dieu soit béni ! reprit le curé non moins ému, et qu'il étende ses saintes bénédictions sur vous, Madame, et sur tout ce qui vous appartient !

— Oh ! qu'il me tarde de voir et d'embrasser cette pauvre petite ! Auriez-vous la bonté, monsieur le curé, de me faire conduire à la maison des orphelines, où, m'a-t-on dit, vous l'avez fait placer ?

— Nous n'avons pas ici de maison des orphelines proprement dite ; seulement les dames bénédictines admettent dans leur pensionnat quelques élèves orphelines à des conditions moins onéreuses que celles des autres pensionnaires, quelquefois même tout à fait gratuitement ; ce sont ces dames qui d'elles-mêmes ont bien voulu se charger, au moins provisoirement, de la petite Jeanne, et je ne suis pour rien dans cette bonne action.

— Eh bien! monsieur le curé, voudriez-vous bien nous indiquer où est le couvent des dames bénédictines ?

— Je ferai. mieux, Madame, je vais vous y conduire moi-même. »

M. et Mme de Savigny, après avoir fait par politesse quelques difficultés, dans la crainte de déranger le bon curé, finirent par accepter son offre.

Ils se rendirent immédiatement au couvent, où M. le curé introduisit ses visiteurs. Bientôt la petite Jeanne fut amenée dans le parloir et présentée à Mme de Savigny. La pauvre enfant, toute honteuse à la vue d'une dame et d'un monsieur étrangers, restait immobile, les yeux baissés et la rougeur au front.

« Avance donc, ma petite, lui dit avec douceur M. le curé ; voilà une bonne amie de ta petite mère qui est venue de bien loin pour te voir ; va donc l'embrasser et la remercier. »

Au nom de sa mère, l'enfant leva vers la dame des yeux mouillés de pleurs, mais sans faire un pas en avant. De son côté, Mme de Savigny la regardait avec intérêt, cherchant dans ses traits si elle retrou-

verait quelques-uns de ceux de sa chère Émilie;
puis, .ui tendant les bras, elle l'attira doucement à
elle, l'assit sur ses genoux et couvrit son visage de
baisers et de larmes. « Allons, ma chère Jeanne,
lui disait-elle, ne pleure plus ainsi (car la pauvre
petite sanglotait en voyant pleurer l'étrangère); je
veux être ta mère à la place de celle que tu as perdue, et toi, veux-tu être ma fille? »

Enhardie par ces caresses, l'enfant répondit enfin :
« Mais vous n'êtes pas ma mère; maman, elle est
au ciel, où elle prie Dieu pour moi; n'est-ce pas,
monsieur le curé? c'est vous qui me l'avez dit.

— Oui, mon enfant, ta maman est au ciel, où elle
prie Dieu pour toi, et tu vois déjà aujourd'hui un
effet de ses prières. Comme elle sait que tu as encore
besoin des soins d'une mère sur la terre, elle a prié
le bon Dieu de t'envoyer son ancienne amie, pour
la remplacer auprès de toi. Ainsi, ma petite Jeanne,
tu auras maintenant deux mamans, une sur la terre
et une autre dans le ciel.

— Mais, est-ce que je ne la reverrai plus jamais
ma petite maman qui est au paradis?

— Certainement tu la reverras, si tu es sage, car
elle te prépare une place auprès d'elle, et elle en
prépare une aussi pour la nouvelle maman qu'elle
t'envoie.

— Vous viendrez voir aussi ma petite mère avec
moi, Madame?

— Je l'espère bien, si le bon Dieu m'en fait la
grâce; mais il ne faut pas m'appeler madame, à
moins que tu ne veuilles pas être ma fille.

— Et pourquoi ne le voudrais-je pas, puisque c'est

maman et le bon Dieu qui vous envoient? Seulement j'aurai peut-être un peu de peine à m'accoutumer à vous dire maman, à cause que votre figure ne ressemble pas du tout à celle de petite mère, mais je m'y habituerai. »

La glace était rompue. Jeanne avait séché ses larmes, et elle se mit à babiller gaiement; à toutes les questions qu'on lui adressait elle répondait avec une naïveté spirituelle, qui enchantait Mme de Savigny et faisait beaucoup rire son mari.

Au bout d'une demi-heure, Mme de Savigny se leva, embrassa Jeanne et lui dit : « Au revoir, mon enfant, à bientôt.

— Tiens; je croyais que vous alliez m'emmener chez vous?

— Pas encore, mon enfant; mais je viendrai tantôt vous chercher pour vous promener en voiture. Aimez-vous aller en voiture?

— Oh! beaucoup, beaucoup. Est-ce dans la calèche ou dans le cabriolet de papa que nous irons?

— Non, c'est dans ma voiture. » Et elle sortit, suivie de M. le curé et de son mari.

On retourna au presbytère, et, quand ils y furent arrivés, Mme de Savigny, s'adressant à M. le curé, lui dit : « Permettez-nous, Monsieur, de vous importuner encore quelques minutes; mais puisque vous voilà seuls, tenons, si vous le voulez bien, une espèce de conseil de famille au sujet de cette enfant. D'abord je vous déclare que je la trouve charmante, et que je suis toute décidée à l'emmener avec moi et à l'élever comme mon enfant. »

M. le curé, qui ne connaissait pas le caractère de

Mᵐᵉ de Savigny, fut un peu surprise de ce que, tout en parlant de tenir conseil, elle exprimait sa volonté sans attendre la discussion et surtout sans consulter son mari. Mais, en voyant celui-ci accueillir les paroles de sa femme avec un sourire d'approbation, il pensa que c'était une affaire arrêtée d'avance entre eux, et, s'adressant aux deux époux, il leur dit : « Je ne puis que vous féliciter, Madame et Monsieur, de la détermination que vous avez prise en faveur de cette enfant, d'autant plus que c'est une lourde charge et une grande responsabilité que vous assumez. J'avais pensé d'abord que vous vous seriez contentés de subvenir aux principaux frais de son éducation, soit en la laissant chez les dames bénédictines qui l'ont recueillie, soit en la plaçant à Paris au couvent où sa mère et vous, Madame, vous avez été élevées ; mais j'avoue que je ne m'attendais pas que vous voulussiez vous charger d'une enfant dans un âge aussi tendre, et qui a encore besoin de ces soins minutieux et délicats qu'une mère seule peut donner, ou du moins une personne qui en a l'habitude.

— Comment, Monsieur, répondit en riant Mᵐᵉ de Savigny, qui semblait s'amuser des craintes du bon curé, pouvez-vous penser qu'en me chargeant des fonctions de mère, je n'en connaisse pas toutes les obligations, et que je ne me sente pas en état de les remplir ?

— A Dieu ne plaise, Madame, que j'aie eu une pareille idée ! Seulement j'ai voulu dire que vous seriez obligée de contracter des habitudes nouvelles, et par conséquent bien pénibles, surtout pour une personne qui prend bénévolement une pareille charge, et à qui la nature et son devoir n'en font pas une obligation indispensable. »

M. de Savigny, qui jusque-là avait à peu près joué le rôle d'un personnage muet, voulut intervenir, et, s'adressant à sa femme, il dit : « M. le curé a peut-être raison, ma bonne amie ; je trouve comme vous cette enfant charmante, je me sens tout aussi disposé que vous à l'aimer et à lui faire du bien, mais nous charger de l'élever nous-même, ne serait-ce pas, en effet, une tâche au-dessus de nos forces, et qui pourrait nous causer beaucoup d'embarras.

— Eh ! Monsieur, répliqua vivement sa femme, qui vous parle de *nous?* c'est de MOI seule qu'il s'agit ; c'est MOI seule qui prends à mon compte toute la charge, toute la responsabilité et tout l'embarras de cette éducation. »

Quand il arrivait à Mᵐᵉ de Savigny de prendre ce ton solennel, le *moi* dans sa bouche avait des proportions gigantesques, il la remplissait tout entière, et il en sortait avec une intonation emphatique qui rappelait le fameux *moi* de Médée dans la tragédie de Corneille.

Dans ce cas-là, M. de Savigny baissait humblement la tête et ne discutait plus ; car la décision de madame était irrévocable. Il se contenta de dire d'un air soumis :

« Mon Dieu ! ma bonne amie, puisque votre résolution est prise, n'en parlons plus ; vous savez que je n'ai pas pour habitude de contrarier vos volontés. Seulement, comme je pensais que vous n'aviez pas calculé les inconvénients que pourraient entraîner pour vous les soins à donner à une enfant si jeune, je me suis permis de vous faire cette simple observation. »

Ces paroles, prononcées avec calme, rappelèrent aussitôt Mme de Savigny à elle-même. Elle sentit toute l'inconvenance du ton impérieux qu'elle venait de prendre envers son mari, surtout en présence d'un étranger doublement respectable et par son âge et par son caractère. Elle chercha en conséquence à effacer du mieux qu'il lui fut possible la fâcheuse impression qu'avait dû produire sur ce vénérable ecclésiastique le mouvement inconsidéré auquel elle venait de se livrer, et reprenant le ton dégagé qu'elle avait un instant auparavant, elle dit en souriant et en paraissant s'adresser à ses deux interlocuteurs : « Allons, Messieurs, on voit bien que vous ne vous doutez pas du plaisir..., que dis-je ? du bonheur qu'une femme trouve à donner des soins à un enfant, et que ce qui paraîtrait à l'homme le plus robuste fatigue et ennui accablant, la femme la plus frêle le supporte facilement et presque sans s'en apercevoir. La raison de ce phénomène est bien simple : c'est que Dieu nous a créées pour être mères, et nous a donné non seulement la force de remplir les devoirs pénibles de la maternité, mais encore, par un effet de sa bonté et de sa sagesse infinies, il a attaché à l'accomplissement de ces devoirs un plaisir et une satisfaction qui en font disparaître la fatigue et l'ennui. Pour moi, continua-t-elle en donnant à sa voix plus de gravité et une légère teinte de mélancolie, si Dieu m'eût accordé le bonheur d'être mère, je sens combien il m'eût été doux de consacrer tous mes instants à soigner l'enfant qu'il m'aurait donné. Je lui ai longtemps demandé cette faveur, et j'ai pleuré plus d'une fois en pensant qu'elle ne me serait jamais accordée. Mais Dieu sans doute avait ses desseins en me refusant d'être mère réellement, il me réservait de m'en dédommager en me chargeant d'en remplir les fonctions auprès de l'enfant de ma meilleure amie, et comme M. le curé le disait si bien tout à l'heure à cette pauvre petite, c'est le bon Dieu qui m'a envoyée auprès d'elle pour remplacer la mère qu'elle a perdue. Ce serait donc manquer à la mission qu'il m'a confiée que de ne pas l'accepter tout entière, avec toutes ses conséquences et tous ses devoirs ; or le premier devoir d'une mère est de veiller elle-même à l'éducation de sa fille et de ne confier ce soin à des mains étrangères que quand elle est dans l'impossibilité absolue de faire autrement. »

Ce langage raisonnable et digne, empreint de sentiments pieux, fut applaudi chaleureusement par ses deux auditeurs. Le curé la remercia de nouveau avec effusion de la bonne œuvre qu'elle allait entreprendre ; il la félicita d'en avoir si bien compris l'importance et les devoirs ; c'était une garantie qu'elle saurait les accomplir dans toute leur étendue.

« Et moi, chère amie, dit M. de Savigny, pardonnez-moi d'avoir un instant douté de vous, et, pour me le prouver, veuillez m'associer à votre bonne œuvre et me permettre de servir de père à votre pupille comme vous lui servirez de mère ; car je crains bien que la pauvre enfant ne revoie jamais son véritable père et ne soit doublement orpheline.

— Ce ne sera pas une grande perte pour elle; car je n'ai désormais aucune confiance en M. de Bellemare. Quant à la proposition que vous me faites de vous associer à ce que vous appelez une bonne œuvre, n'y êtes-vous pas de droit associé? Est-ce que, si je suis sa mère adoptive, vous ne devenez pas par le fait son père adoptif? Quand je vous ai dit tout à l'heure que je me chargeais seule des soins et des embarras de son éducation, je n'ai voulu parler que de ces soins et de ces embarras qui sont de la compétence des femmes, et qui ne sauraient être qu'ennuyeux et fatigants pour un homme de votre âge, dont les livres et l'étude sont la seule récréation; mais quand elle aura atteint quelques années de plus, quand j'aurai un peu développé son intelligence, alors je vous appellerai plus directement à me seconder, et pour vous associer d'une manière plus réelle à mon entreprise, comme vous me le demandiez tout à l'heure, je vous nomme d'avance, ajouta-t-elle en souriant, son professeur de langues française et anglaise, de littérature, d'histoire, de géographie, en un mot de toute la partie sérieuse de l'instruction. Ainsi, continua-t-elle d'un ton plus sérieux, puisque le Ciel n'a pas voulu que nous eussions d'enfants issus de notre union, acceptons avec reconnaissance celle qu'il nous envoie : appliquons-nous à lui donner une éducation religieuse et une solide instruction. Nous la verrons grandir entre nous deux, nous jouirons de ses progrès; devenue grande, elle sera pour moi une société agréable, une amie qui me remplacera celle que j'ai perdue, et plus tard, je l'espère, elle sera la consolation de notre vieillesse.

— Monsieur le curé, dit avec une vive émotion M. de Savigny, vous venez d'entendre ma femme; mes pensées, mes désirs sont les mêmes; hâtons-nous de remplir les formalités nécessaires, et nous emmènerons notre enfant.

— Mais, reprit Mme de Savigny, puisque vous parliez de formalités, que ne l'adoptons-nous tout de suite? Il me semble qu'un acte d'adoption lèverait toutes les difficultés.

— Permettez, Madame, dit en souriant le curé, sans être avocat, je connais un peu les lois; le législateur n'a pas voulu qu'un acte aussi sérieux que l'adoption se fît à l'impromptu et peut-être dans un moment d'exaltation dont plus tard on pourrait se repentir. Il a voulu laisser aux adoptants tout le temps nécessaire à la réflexion, et pour reconnaître si le sujet qu'ils se proposent de déclarer comme leur enfant mérite cette faveur; pour cela il a exigé que pendant dix ans au moins, et pendant sa minorité, ils aient donné des soins à cet enfant. Alors seulement ils peuvent l'adopter après l'accomplissement de longues formalités, dont nous n'avons pas à nous occuper en ce moment. Ainsi ce n'est que quand la petite Jeanne sera majeure que vous pourrez songer sérieusement à un projet d'adoption. Il y a un moyen d'abréger ces longueurs, c'est de prendre la tutelle officieuse de cette enfant, et alors vous pourrez à tout âge l'adopter par testament.

— Voilà une loi fort ridicule à mon avis. Est-ce que mon mari et moi nous ne sommes pas d'âge à savoir ce que nous faisons? Est-ce que nous changerons de volonté comme des girouettes? On voit bien, Messieurs, que ce ne sont pas les femmes qui font les lois; sans cela...

— Sans cela, reprit en souriant le curé, les lois seraient beaucoup plus raisonnables, je n'en doute pas; mais, en attendant, nous sommes obligés de nous soumettre aux exigences des lois existantes, et vous êtes forcée d'ajourner vos projets d'adoption. Quant aux formalités nécessaires pour la tutelle officieuse, je me charge de voir M. le juge de paix, qui convoquera le conseil de famille à cet effet. Je pense que cette formalité pourra se terminer demain, et après-demain vous pourrez emmener l'enfant. »

En effet, dès le surlendemain, tout fut prêt de bonne heure; Jeanne fut remise à ses nouveaux protecteurs, qui partirent immédiatement pour retourner à Savigny.

SECONDE PARTIE

I

La maison de Beauregard. — M. le curé de Savigny.

M. et Mme de Savigny habitaient, dans la commune de ce nom, une charmante maison de campagne, construite par le grand-père Porcher. Il lui avait donné le nom de Beauregard, que portait déjà la petite colline ou éminence sur laquelle il l'avait élevée. L'étymologie de ce nom était justifiée par la vue magnifique dont on jouissait de cet endroit, qui domine une vaste étendue de la vallée de la Loire. L'habitation, composée d'un rez-de-chaussée, d'un premier étage et de mansardes au-dessus, était assez grande pour loger une famille nombreuse et recevoir en outre un certain nombre d'hôtes étrangers. Au-devant du pavillon d'habitation, du côté du nord et dans la direction du bourg de Savigny, se trouvait une cour carrée, circonscrite par le bâtiment principal dont nous venons de parler, et par deux autres qui servaient de com-

muns, et qui étaient construits en retour d'équerre
avec le premier; un mur de clôture, au milieu
duquel s'ouvrait une large porte cochère, formait
le quatrième côté de cette cour.

Au sud du pavillon d'habitation, et dans toute
sa longueur, s'étendait une large terrasse sablée,
plantée d'acacias taillés en boule, assez bas pour
ne pas gêner la vue des fenêtres du pavillon, et
cependant assez hauts pour donner de l'ombrage aux
promeneurs. De la terrasse on descendait, par un
perron double en pierre de taille, dans un parterre
dessiné avec la symétrie et la régularité qui carac-
térisent les jardins français. Un peu plus loin que
le parterre, un terrain d'un à deux hectares était
cultivé à la fois en jardin de produit et d'agrément.
Ce terrain était divisé en un grand nombre de
carrés séparés par de larges allées bordées de
plates-bandes, où des arbres fruitiers taillés en que-
nouilles, en éventails, en corbeilles, croissaient pêle-
mêle, avec des groseilliers de différentes espèces,
des rosiers, des rhododendrons, des tulipes, des
lis, des tubéreuses, des dahlias, et toutes les fleurs
de chaque saison, tandis que le milieu du carré était
consacré à la culture des légumes et des plantes
potagères. Au delà du jardin, une vigne contenant au
moins dix hectares descendait par une pente inégale
jusqu'au bord de la Loire, ou plutôt jusqu'à la levée
qui borde ce fleuve. L'ensemble de cette propriété,
y compris les bâtiments et toutes leurs dépendances,
les jardins et les vignes, formait un vaste enclos
entouré de murs de toutes parts, et constituait ce
qu'on appelait le domaine de Beauregard.

L'ordre et la propreté qui régnaient partout dans ce domaine témoignaient de la vigilance du maître, ou plutôt de la maîtresse ; car Mme de Savigny s'occupait seule des détails qu'exigeait la tenue en bon état d'une si belle propriété. Elle surveillait avec activité les domestiques et les ouvriers employés au

Peu à peu les visiteurs étaient devenus plus nombreux.

service de la maison ou à la culture des jardins et de la vigne. Quant aux autres propriétés de son mari provenant soit de la succession paternelle, soit de l'héritage de sa tante, Mme d'Azincourt, comme elles étaient toutes affermées, elle n'avait pas à y exercer la même surveillance qu'à Beauregard ; mais elle seule touchait les fermages, renouvelait les baux, traitait, transigeait avec les fermiers, quand il s'élevait des difficultés sur l'interprétation des conditions de ces baux ou sur tout autre sujet. En un mot, elle remplissait avec zèle les fonctions d'un régisseur intelligent et probe, ennemi des tracasseries, mais exigeant avec régularité ce q· ·st légitimement dû.

Dans les commencements de son séjour à Beauregard, elle consultait ordinairement son mari dans ces sortes d'affaires ; elle lui faisait signer les quittances et les renouvellements des baux, les marchés avec les ouvriers, etc.; mais bientôt celui-ci, ennuyé de ce qu'il appelait des tracasseries étrangères à ses habitudes, supplia sa femme, puisqu'elle le voulait bien, de s'en charger à elle seule à l'avenir, et à cet effet il lui donna par acte notarié une procuration portant les pouvoirs les plus étendus.

A dater de cette époque, on peut dire qu'elle devint tout à fait dame et maîtresse absolue, ne rendant de comptes à personne, pas même à son mari, qui du reste ne songeait guère à lui en demander, et qui même eût refusé de l'entendre si elle le lui eût proposé. Du reste les comptes étaient tenus avec une ponctualité parfaite, et balancés chaque jour comme l'aurait pu faire le négociant le plus scrupuleux.

Cet ordre apporté dans les affaires de son mari avait entraîné une amélioration notable dans ses revenus, et lui avait permis de réparer les brèches que leur avaient occasionnées leur train de maison pendant cinq ans de séjour à Paris, et leurs dépenses pour paraître à la cour. De plus, elle avait pu remettre dans un état convenable le domaine de Beauregard, qui tombait littéralement en ruine quand ils étaient venus l'habiter, comme cela n'arrive que trop souvent aux propriétés abandonnées à des surveillants incapables ou infidèles. Ainsi elle avait

relevé une partie des murs de clôture, que le
temps et l'incurie avaient renversés; elle avait res-
tauré et, pour ainsi dire, remis à neuf la maison
d'habitation et toutes ses dépendances; et après
toutes ces dépenses faites, il lui était encore resté
de quoi acheter quelques portions de terrain qui se
trouvaient à sa convenance pour arrondir leurs propriétés. On ne pouvait cependant la taxer d'avarice,
car elle faisait grandement les honneurs de sa maison; sans compter que les pauvres de la paroisse
avaient une large part dans ses libéralités.

Cependant, malgré ces excellentes qualités que
nul ne contestait, Mme de Savigny n'était aimée ni
de son entourage, ni de ses fermiers, ni des habi-
tants du village. On la trouvait trop fière; elle n'avait
dans ses manières rien de cette grâce, de ce liant
qui séduit et qui gagne les cœurs. Quand on lui
demandait un service, elle ne le refusait pas, mais
elle ne semblait l'accorder qu'à regret, et elle avait
soin elle-même d'en faire sentir et d'en exagérer
la valeur. Son frère, l'abbé Vannier, dont nous
reparlerons tout à l'heure, appelait cela escompter
la reconnaissance qu'on pouvait lui devoir.

Quant à M. de Savigny, il était aimé et vénéré
de ses domestiques et de toutes les personnes qui
avaient le bonheur de l'approcher. Lorsqu'il tra-
versait à pied les rues du bourg, tout le monde,
hommes, femmes, vieillards, enfants, le saluait
avec empressement et une certaine familiarité respectueuse; et lui, il ne mettait pas moins d'empressement à répondre à leur politesse, causant amica-
lement avec les uns, s'informant à d'autres de ce

qui pouvait les intéresser, souriant à tous avec une
égale bienveillance. Dans ces occasions, il avait soin
de bourrer ses poches de bonbons et de pâtisseries,
qu'il distribuait aux petits garçons et aux petites filles
qui avaient été bien sages ou qui promettaient de
l'être, ce qui faisait que personne n'était exclu.
Quand ces enfants appartenaient à des familles
pauvres, il accompagnait le bonbon d'une pièce de
monnaie en disant : « Voilà pour toi, et ceci est
pour ta mère ; » de sorte que quand il rentrait à
Beauregard, cet excellent homme avait toujours
les poches et la bourse vides.

Jamais M. de Savigny n'avait été si heureux : dé-
barrassé de tous les tracas des affaires, il jouissait
paisiblement de la tranquillité et du bien-être qui
l'entouraient, et qu'il devait, ne cessait-il de le
répéter, à l'excellente femme que le Ciel lui avait
donnée. Il passait une partie de la journée à ses
études favorites, et, quand le temps le permettait,
il faisait quelques promenades dans ses jardins ou
dans les environs, n'ayant d'autre souci que de
rentrer quand la cloche sonnait l'heure du déjeuner
ou du dîner, apportant toujours à l'un ou l'autre
repas un merveilleux appétit.

M. et Mᵐᵉ de Savigny voyaient peu de monde,
d'abord parce que la société était peu nombreuse
à Savigny ; puis, parmi les personnes qui la compo-
saient, plusieurs dames s'étaient trouvées blessées
du ton de fierté qu'elles avaient cru remarquer dans
Mᵐᵉ de Savigny à son arrivée dans le pays. Cependant peu à peu quelques rapprochements s'étaient
opérés ; le maire de la commune, un des plus riches

propriétaires du pays après M. de Savigny; le notaire, qui avait donné à madame d'utiles conseils
pour la gestion de ses affaires, et qui tenait à conserver une si bonne clientèle; le médecin, que sa
profession appelait souvent à Beauregard, venaient
deux ou trois fois par semaine, avec leurs femmes,
passer la soirée chez M. et Mme de Savigny, et faire
leur partie de boston, de whist, de trictrac ou de
piquet.

Mais un des plus assidus visiteurs de Beauregard
était le curé de la paroisse; et l'on ne sera pas surpris quand on saura que ce curé était notre ancienne
connaissance, l'abbé Vannier, le frère de Mme de
Savigny. Or comment se faisait-il que cet ecclésiastique, que nous avons vu en 1830 attaché au
secrétariat de l'archevêché de Paris, se trouvât
quatre ans plus tard curé d'une petite paroisse du
diocèse d'Orléans ? Nous allons l'expliquer en
quelques mots.

Après la visite qu'il avait faite à sa sœur et à son
beau-frère à la suite de la révolution de 1830, l'abbé
Vannier était retourné à Paris. Ayant témoigné le
désir d'exercer les fonctions du saint ministère dans
une paroisse, il fut nommé vicaire à Saint-Germain-
l'Auxerrois, fonctions qu'il remplit jusqu'au 14 février 1831. Ce jour-là, date funèbre, on célébrait
dans son église un service pour le repos de l'âme
du duc de Berry, assassiné à pareil jour onze ans
auparavant. Depuis juillet 1830, l'émeute ne faisait
que sommeiller, et de temps en temps, sous le
moindre prétexte, elle se réveillait pour étudier ses
forces et tenter une nouvelle révolution. Cette fois

elle crut avoir trouvé dans une simple manifestation religieuse une raison suffisante de se livrer à
toutes ses fureurs. En un instant une foule immense,
composée d'hommes et de femmes à moitié ivres,
sortant pour la plupart des bals masqués et portant
encore les livrées dégoûtantes du carnaval et de l'or-
gie, se précipitèrent dans la vieille basilique, et s'y
abandonnèrent avec une aveugle frénésie au pillage
et à la profanation. Rien ne fut épargné, ni vases, ni
ornements sacrés, ni tableaux, ni statues : tout fut
livré à la destruction. La demeure du curé et des
prêtres qui faisaient partie du clergé de cette paroisse
fut envahie et traitée comme l'avait été l'intérieur
de l'église. Leur mobilier fut pillé et brisé, et eux-
mêmes n'auraient sans doute pas été épargnés, s'ils
ne se fussent soustraits par la fuite à la rage des
émeutiers.

Quand ils eurent tout saccagé dans l'intérieur, ils
se disposaient à démolir l'église et le presbytère, et
à n'y pas laisser pierre sur pierre. Déjà ils avaient
commencé par abattre la grande croix de fer placée
en haut du pignon élevé au-dessus du portail,
lorsque enfin un magistrat vint tardivement arrêter
ce vandalisme en faisant afficher sur les murs de
l'église des écriteaux portant en gros caractères ces
mots : PROPRIÉTÉ MUNICIPALE, et en faisant proclamer que ce bâtiment servirait désormais pour la
mairie de l'arrondissement, qui ne possédait point
de local convenable à cette destination.

Mais l'émeute n'avait pas encore assouvi sa fureur
de destruction. Quelques voix crièrent : « A l'archevêché! — A l'archevêché! » répondit un écho

formidable composé de trente à quarante mille voix ;
et la foule, abandonnant le premier théâtre de ses
exploits, se rua en hurlant vers le palais archiépis-
copal.

Là les mêmes scènes se renouvelèrent, et cette
fois personne n'essaya d'en arrêter la violence. Après
avoir saccagé tout le mobilier, jeté dans la Seine les
livres rares et précieux de la bibliothèque, ces éner-
gumènes se mirent tranquillement à démolir l'édifice même, et ne s'arrêtèrent que quand cette dernière œuvre de destruction fut achevée.

Tant d'abominations ne pouvaient rester sans
châtiment. Le jour même où ces crimes et ces pro-
fanations se commettaient impunément, le choléra
faisait sa première apparition dans Paris, et frap-
pait parmi ses premières victimes quelques-unes des
démolisseurs de l'archevêché.

Bouleversé par ces épouvantables événements,
l'abbé Vannier vint chercher un refuge chez sa
sœur. Quand le calme fut un peu rétabli, il voulut
retourner à Paris ; mais son beau-frère et sa sœur
le supplièrent avec tant d'instance, qu'à la fin ils
le décidèrent à prolonger son séjour, puis enfin à
se fixer tout à fait à Savigny. La cure de cette
paroisse se trouvant vacante, l'évêque d'Orléans,
sur la demande de M. de Savigny, ne fit nulle difficulté de la donner à son beau-frère, d'autant plus
que le prélat avait reçu de l'archevêché de Paris,
avec l'*exeat* de l'abbé Vannier, les témoignages les
plus honorables sur le compte de cet ecclésiastique.

Une fois installé à Savigny, l'abbé Vannier conti-

nua, comme on le pense bien, de voir sa sœur et
son beau-frère avec d'autant plus d'assiduité, que
dans ses différents séjours à Beauregard, il avait
su apprécier ce dernier, et qu'il s'était formé entre
eux une de ces amitiés solides fondées sur une estime
réciproque, et resserrée encore par les liens de
parenté qui les unissaient.

M. le curé venait donc presque tous les jours à
Beauregard, et, quand des circonstances imprévues
l'en empêchaient, M. de Savigny accourait en toute
hâte au presbytère ; car il lui manquait quelque
chose, comme on dit vulgairement, quand il avait
passé une journée entière sans voir son cher curé.

Mme de Savigny avait peut-être moins d'empressement à voir son frère, quoiqu'elle n'osât le mani-
fester, et qu'en toute circonstance elle lui témoignait
une sorte de déférence respectueuse ; mais il était
le seul de tous ceux qui l'approchaient qui ne se
laissât point intimider par son ton altier et ses airs
de princesse ; seul il lui disait avec franchise ses
vérités, et lui adressait parfois de justes observations, sans emportement, sans aigreur, mais avec
ce calme et ce ton d'autorité paternelle qui conve-
naient à son âge et à son caractère.

On comprend qu'avec les occupations continuelles
qu'exigeaient la tenue et la surveillance de sa maison
et d'une grande propriété, qu'avec le genre de vie
régulier qu'elle avait adopté ainsi que son mari,
Mme de Savigny ne pût songer qu'avec une sorte de
répugnance, je dirai presque d'effroi, à s'éloigner
de Beauregard. Ce fut là sans doute une des causes
principales qui lui firent différer si longtemps de

répondre à l'invitation de Mme de Bellemare. Enfin, lorsqu'en 1835 elle se décida à entreprendre ce voyage, elle prit avant son départ les précautions les plus minutieuses pour que rien ne souffrît trop de son absence.

Du nombreux domestique qu'elle avait pendant que son mari occupait une charge à la cour, elle n'avait conservé que ce qui était indispensable au service d'une maison de campagne montée sur un pied honorable, mais sans luxe inutile. Parmi ses gens de l'un et de l'autre sexe, elle avait fait choix de ceux qui par leurs antécédents, leurs mœurs et leurs principes religieux, lui inspiraient le plus de confiance; et, pour les préserver de l'oisiveté, outre les attributions de leur emploi, elle les avait chargés de différents travaux à exécuter quand ils auraient achevé leur service. Ainsi Mlle Julie, la première femme de chambre de madame, remplissait en même temps les fonctions de femme de charge; la seconde femme de chambre, Mlle Françoise, était spécialement chargée de la lingerie et de veiller au blanchissage. Quant à la cuisinière, la grosse Manette, loin de cumuler plusieurs fonctions, elle se faisait aider par la fille du jardinier et par une laveuse de vaisselle, chargée en même temps du service de la basse-cour. Voilà pour le personnel féminin. Quant aux domestiques de l'autre sexe, il y avait d'abord M. Pierre, le valet de chambre de monsieur, presque aussi âgé que son maître, et attaché à son service depuis près de quarante ans; puis son neveu François, chargé des fonctions de valet de pied, mais qui aidait son oncle dans son

service, car le pauvre Pierre était souvent attaqué
de rhumatismes qui le rendaient impotent; enfin un
cocher et un palefrenier complétaient le personnel
masculin.

Quelques jours avant son départ pour Verneuil,
elle annonça qu'elle n'emmenait personne avec elle,
si ce n'est peut-être le valet de chambre de monsieur, dans le cas où ses rhumatismes lui permet-
traient ce voyage; puis elle assigna à chacun des
autres domestiques la tâche qu'ils auraient à remplir
pendant son absence, et dont elle leur demanderait
un compte exact à son retour, recommandant spécialement à Mlle Julie de veiller à l'exécution de ses
ordres en sa qualité de femme de charge et sous sa
propre responsabilité. D'ailleurs, son absence ne
serait pas de longue durée; elle n'annoncerait pas
le jour de son retour, afin qu'on l'attendît à chaque
instant et que chacun fût à son poste quand elle
arriverait.

Pour couronner ces précautions, elle eût bien
désiré que son frère vînt de temps en temps à Beauregard exercer une sorte de haute surveillance sur
ses domestiques en son absence; mais elle n'osa
pas l'en prier, de peur d'essuyer un refus, ce qui
eût été probable. Mais, à défaut du maître, elle
s'adressa à la gouvernante, femme respectable par
son âge, et qu'elle connaissait presque depuis son
enfance, car elle était au service de sa famille depuis
de longues années; et, après la mort du père Vannier, elle était devenue la gouvernante de l'abbé,
qu'elle avait suivi à Savigny.

Mlle Marthe, c'était le nom de cette fille, ou sœur

Marthe, comme on l'appelait quelquefois, parce qu'elle affectait, surtout depuis qu'elle était au service d'un prêtre, dans ses manières, dans son costume, dans son langage, quelque chose qui la faisait ressembler à une sœur converse; sœur Marthe fut donc enchantée de la marque de haute confiance que lui donnait Mme de Savigny; elle répondit qu'elle se chargeait bien volontiers de cette tâche, et qu'elle la remplirait, Dieu aidant, avec zèle et discrétion.

Enfin le jour du départ arriva. Pierre était retenu au lit par un nouvel accès; M. et Mme de Savigny partirent seuls. Nous avons vu les principaux événements de leur voyage; nous allons maintenant assister à leur retour.

II

Tout se passa pour le mieux à Beauregard pendant l'absence des maîtres, et les choses marchèrent
aussi bien que si madame eût été présente, comme
ces machines bien organisées qui suivent pendant
un certain temps, et sans la surveillance du méca-
nicien, l'impulsion qu'il leur a donnée. Sœur Marthe
venait tous les jours faire sa tournée; mais comme
personne ne se doutait de la commission délicate
dont elle s'était chargée, on l'accueillait parfaitement, ce qui bien certainement n'eût pas eu lieu
si on l'avait soupçonnée. Mais hâtons-nous de
constater qu'à la différence de bien des personnes
chargées, dans une autre sphère, il est vrai, de
fonctions analogues, elle ne chercha point à se
faire valoir par des rapports mensongers ou exagérés; s'il y eut quelques petites fautes commises,
quelques infractions sans gravité à l'ordre établi,
elle ne vit pas ces peccadilles ou ne voulut pas les

voir, de sorte qu'elle n'eut à présenter à madame
qu'un *satisfecit* général.

Mᵐᵉ de Savigny, comme nous l'avons dit, n'avait
pas annoncé l'époque de son retour : on sait qu'elle
se plaisait à surprendre son monde, et à tomber
chez elle comme une bombe. Cependant, d'après les
calculs les plus probables, l'absence des maîtres se
prolongerait beaucoup plus qu'on ne le pensait. Par
un bel après-midi, cette grave question était agitée
entre Mˡˡᵉ Julie, Manette la cuisinière, Françoise et
sœur Marthe, qui, tout en causant dans l'office,
s'occupaient à peler des coings pour en faire de
la gelée et de la marmelade. « Voyez-vous, vous
autres, disait sœur Marthe, m'est avis que monsieur et madame ne seront pas ici avant dix jours
au plus tôt, et je mettrai presque quinze. C'est
aussi l'idée de M. le curé, qui a reçu ces jours
derniers une lettre de sa sœur; elle lui annonce
qu'ils sont encore à Paris, et qu'ils n'en parti-
ront que dans deux à trois jours; ainsi ils n'ont
dû arriver à Verneuil que vers le 20 ou le 21 du
mois : or le moins qu'ils y restent, quand on est
chez des amis qu'on n'a pas vus depuis si longtemps,
c'est quinze à vingt jours; par conséquent, étant
aujourd'hui au 25 septembre, nous ne devons guère
les attendre avant le 10 ou le 12 octobre prochain;
encore... »

Ici Mˡˡᵉ Marthe fut interrompue par le roulement
d'une voiture qui entrait au grand trot dans la cour,
et par les coups de fouet répétés du postillon qui
claquait à tour de bras, ce qu'il appelait un appel
des maîtres. Toute la maison fut aussitôt en émoi.

5

« C'est monsieur et madame qui arrivent! » crie-
t-on de toutes parts.

Déjà le ..ux Pierre et son neveu François avaient
ouvert les portières de la voiture quand arrivèrent
Mlle Marthe, Mlle Julie, et les femmes qui travail-
laient dans l'office. Avant que les voyageurs fussent
descendus, la voiture était entourée de toute la
domesticité, empressée à offrir ses services à ses
maîtres et à leur souhaiter la bienvenue. M. de
Savigny descendit le premier en souriant avec sa
bonté accoutumée et en tendant la main à Pierre,
qu'il appelait son vieux camarade. Bientôt apparut
Madame, tenant dans ses bras, à la surprise générale, une charmante petite fille de cinq ans, en
grand deuil, mais jolie, fraîche et souriante sous
sa capote de crêpe. Elle tendit cette enfant à Françoise, qui se trouvait à sa gauche, puis donna la
main à Mlle Julie, qui s'était approchée pour l'aider
à descendre.

Dès qu'elle eut mis pied à terre, d'un coup d'œil
Mme de Savigny parcourut le cercle qui l'environ-
nait, et, paraissant satisfaite de trouver tout le monde
à son poste, elle salua nominativement ceux et celles
qui se trouvaient le plus près d'elle, répondit aux
demandes respectueuses qui lui étaient adressées
au sujet de son voyage; puis, tout à coup, prenant par la main l'enfant qu'elle avait confiée à
Françoise, elle la présenta à ses gens en disant d'un
ton grave et pénétré : « Voilà une enfant que nous
ramenons de notre voyage; elle se nomme Mlle Jeanne
de Bellemare; elle n'a plus ni père ni mère; c'est
M. de Savigny et moi qui lui en servirons désor-

mais. Ainsi vous la considérerez comme notre propre fille, et vous aurez pour elle les égards et les soins que vous auriez pour notre propre enfant. »

M. de Savigny, prenant aussitôt l'autre main de la petite Jeanne, confirma les paroles de sa femme, en les répétant presque mot à mot, et tous les trois, se tenant par la main, entrèrent dans la maison.

Ce fut un grand événement que l'arrivée de la petite Jeanne à Beauregard. Le soir, les domestiques réunis dans l'office pour prendre leur repas, après le dîner des maîtres, ne s'entretinrent, comme on le pense bien, que de cet événement. « Comment, se disait le cocher, madame, qui paraissait si peu aimer les enfants à cause de leur turbulence, a-t-elle pu se décider à prendre avec elle une petite fille de cet âge, et qui paraît passablement pétulante et lutine?

— Peut-être, observa la cuisinière, n'a-t-elle pas l'intention de la garder chez elle, et la mettra-t-elle en pension jusqu'à ce qu'elle soit grande et qu'elle ait terminé son éducation.

— C'est ce qui vous trompe, répondit Mlle Julie; je sais pertinemment que madame a l'intention d'élever elle-même cette enfant; elle va lui faire monter un petit lit dans le cabinet contigu à sa chambre et qui communique à la mienne, de sorte que la petite couchera entre madame et moi. Cela me donnera un peu plus de besogne, mais cela m'est égal; la présence de cette enfant jettera au moins un peu de diversion et de gaieté dans la maison, qui était parfois triste et monotone.

— Oh! ça c'est vrai, ajouta Mlle Françoise, d'autant plus que la petite a l'air assez mièvre et éveillée.

Et quand elle serait un peu bruyante, elle ne le sera
pas toujours autant que les enfants de Mme Labriche,
qui font à eux deux plus de tapage que tout un
régiment. En voilà des enfants qu'on peut appeler
turbulents et mal élevés, aussi bien le frère que la
sœur ; mais leur mère s'imagine qu'on doit tout leur
asser, parce qu'ils sont les enfants de monsieur le
maire. Je comprends que madame n'aime pas les
enfants de ce genre, qui mettent tout sens dessus
dessous dans le salon, quand leur mère s'avise de
les amener avec elle ; mais elle aimera bien, j'en
suis sûre, sa petite Jeanne, malgré sa vivacité, parce
qu'elle a dans la physionomie quelque chose qui
plaît tout d'abord ; et puis elle est orpheline, et cela
seul inspire déjà la pitié et dispose en sa faveur.
Pour moi, je me sens toute prête à l'aimer.

— Et moi aussi, reprit Julie, d'autant plus qu'elle
n'est pas fière, et que quand madame lui a dit :
« Jeanne, voilà ta bonne ; veux-tu l'embrasser pour
« faire connaissance avec elle? — Je le veux bien, »
a-t-elle répondu ; et, me sautant au cou, elle m'a
embrassée plusieurs fois en me disant : « Tant
« mieux! je suis bien aise que vous soyez ma bonne. »

— Eh bien, moi je l'aime déjà, dit à son tour François, le valet de pied, parce qu'elle a bon cœur.

— Et comment peux-tu le savoir? interrogea d'un
air de doute la tante Manette, la cuisinière (elle était
tante de Julie, et souvent les autres domestiques lui
donnaient cette dénomination).

— Voici la chose, ma tante : ce soir, en servant
à table, j'avais changé les assiettes de monsieur et
de madame, et j'avais oublié l'enfant...; çà, défaut

d'habitude : quand tout d'un coup madame, me regardant de cet air que vous savez, me dit de son ton le plus impérieux : « Eh bien, François, pour- « quoi ne donnez-vous pas d'assiette à Jeanne ? » L'enfant, émue du ton qu'avait pris madame pour me parler, lui dit avec une voix douce et un petit air fin et touchant : « Oh! chère maman, je vous en prie, « ne le grondez pas; je suis si petite, si petite, qu'il « ne m'aura pas aperçue. » Monsieur se mit à rire de bon cœur de cette saillie naïve; madame sourit elle-même et lui répondit : « Non, ma fille, je ne « le gronderai pas, mais à condition que cela ne « lui arrivera plus. »

— Ah çà! décidément, observa sœur Marthe, qui était restée à Beauregard, parce que son maître était allé dîner ce jour-là chez un de ses confrères des environs, elle appelle donc madame maman, et madame l'appelle sa fille ?

— Certainement, répondit Mlle Julie, et monsieur, elle l'appelle papa, ou plutôt bon papa. Qu'y a-t-il à cela d'étonnant? Ne leur avez-vous pas entendu dire en arrivant qu'ils la regardaient comme leur propre enfant, et que nous étions tenus à avoir pour elle les mêmes égards que si elle était leur propre fille?

— Mon Dieu, oui, je l'ai bien entendu, et cependant je ne peux encore y croire.

— Mais encore une fois, sœur Marthe, que trouvez-vous d'étonnant à cela?

— Ce que je trouve d'étonnant? Faut-il vous le dire? Eh bien! moi qui depuis plus de trente ans connais la famille de madame, famille qui est loin d'être riche, tant s'en faut, je ne comprends pas

comment il se fait que madame, puisqu'elle n'a pas
d'enfant, n'adopte pas une de ses nièces ou un de
ses neveux plutôt que d'aller chercher une orpheline à Verneuil, dans une famille qui n'a aucun lien
de parenté ou d'alliance ni avec elle ni avec son
mari. Il me tarde de savoir ce que M. le curé,
qui s'est toujours sacrifié pour sa famille, pensera
de cela.

— M. le curé est raisonnable, dit le vieux valet de
chambre Pierre, qui avait jusque-là gardé le silence,
et il pensera que monsieur et madame sont en âge
de faire ce qui leur plaît, sans que personne ait
à contrôler leurs actions.

— Dans tous les cas, ajouta Julie, ce n'est pas à
nous de les contrôler : ce sont nos maîtres; ce qu'ils
font ne nous regarde pas, et nous n'avons d'autre
devoir que d'obéir quand ils nous commandent.

— Je suis parfaitement de votre avis, mademoiselle Julie, et je n'aurais pas même fait cette observation si vous ne m'aviez pas provoquée. Après cela,
moi je ne suis pas au service de M. et de Mⁿᵉ de
Savigny; j'ai connu madame quand elle avait à peu
près l'âge de cette petite orpheline de Verneuil, et
qu'elle s'appelait Mˡˡᵉ Louise Vannier; j'ai connu
son père, sa mère, ses frères, ses sœurs et leurs
enfants; il y a si longtemps que je suis attachée
à cette famille, que je crois presque en faire partie;
c'est pourquoi je me crois permis d'avoir une opinion
sur une chose qui me paraît injuste envers elle et
qui peut lui être préjudiciable.

— Tiens, reprit Pierre, moi je connais aussi
plusieurs parents de monsieur (car il y a plus de

quarante ans que je suis dans la famille), et ces
parents-là, qui comptaient sur sa succession, ont
été déjà passablement vexés quand monsieur s'est
marié. Toutefois ils commençaient à reprendre
quelque espoir en voyant qu'il n'avait pas d'enfant;
mais leur dernier espoir va s'envoler à vau-l'eau quand
ils apprendront qu'à défaut d'enfant issu de leur
mariage, il en a adopté un étranger. Pour moi, loin
d'être attristé pour eux de ce petit malheur, j'avoue
que je ris de bon cœur de leur déconvenue, et
cependant je ne me crois pas un mauvais cœur.

— Chacun a sa manière de voir, monsieur Pierre;
quant à moi, je vous ai dit la mienne, et j'y tiens.
Mais restons-en là, et n'en soyons pas plus mauvais
amis. Qui vivra verra. » Et, sur cet axiome de la
sagesse des nations, sœur Marthe se retira en faisant
une profonde révérence.

M. le curé, à qui sa gouvernante s'empressa aussitôt son retour d'annoncer cette grande nouvelle,
en fut beaucoup moins ému qu'elle-même, et elle
fut presque scandalisée de le trouver du même
avis que Pierre. « Comment! Monsieur, lui dit-elle
avec cette espèce d'autorité que prennent quelquefois les anciens serviteurs, vous ne trouvez pas que
madame votre sœur, puisqu'elle voulait adopter un
enfant, aurait mieux fait de prendre une de vos
nièces, la petite Joséphine ou sa cousine Eugénie,
que de choisir une étrangère? Le bien, du moins,
ne serait pas sorti de la famille.

— Mais de quel bien parlez-vous, ma bonne
Marthe? répondit le curé en souriant. Du bien de
ma sœur? Mais vous savez comme moi qu'elle ne

possédait rien en se mariant; que même son mari
ne lui a accordé, par contrat, qu'un douaire bien
modeste, dans le cas où elle lui survivrait; qu'elle
n'a en réalité que l'administration de la fortune de
son mari. Mes neveux et mes nièces n'ont donc,
pas plus que moi ou tout autre membre de notre
famille, aucune espèce de droit sur la fortune de
M. de Savigny, qui, dans le cas où il mourrait sans
enfant légitime ou adoptif, reviendrait de droit
à ses parents.

—Oui, je sais bien que c'est ainsi que Mme d'Azincourt avait arrangé les choses dans le contrat de
mariage; mais, depuis sa mort, on sait bien aussi
que madame votre sœur s'est fait donner toute la
fortune de son mari, et que par conséquent tout
aujourd'hui lui appartient.

— Et qui est-ce qui le sait? Pour moi, je vous
déclare que je l'ignore absolument.

— Mais tout le monde le dit.

— Et quand cela serait, un pareil acte peut être
révoqué du jour au lendemain, et rien par conséquent n'appartient à ma sœur du vivant de son
mari. Elle n'a donc pas le droit de disposer sans
sa permission de la moindre parcelle de son bien ;
et certes ce n'est pas moi qui engagerai ma sœur
à user de l'influence qu'elle peut avoir sur lui pour
le déterminer à frustrer ses héritiers légitimes ou
adoptifs, s'il lui plaît d'en avoir en faveur de telle
ou telle personne de notre famille. Déjà ma sœur,
du consentement exprès de M. de Savigny, est
venue en aide à ceux de nos parents qui se trouvaient
dans la gêne; car, depuis que je suis curé, c'est elle

qui m'a remplacé dans cette tâche, les pauvres de
ma paroisse ayant avant tout des droits à mes services et une part privilégiée dans mes aumônes.
Grâce à elle donc et à mon cher beau-frère, toutes
les personnes dont je parle sont aujourd'hui placées
et dans une position à gagner honorablement leur
vie, excepté ces deux petites filles dont vous parliez
tout à l'heure, parce qu'elles sont encore trop jeunes;
mais elle paye leur pension dans le couvent où elle
a été élevée elle-même, et où elle les a spécialement
recommandées. Que pouvait-elle faire de plus? Les
prendre avec elle, les adopter comme elle fait,
dites-vous, de cette enfant que vous appelez l'orpheline de Verneuil, il en a été bien question dans le
temps, et s'il n'y avait eu qu'une petite fille, elle
se serait peut-être décidée. Il fallait donc les prendre
toutes deux sous peine d'exciter la jalousie de l'autre
famille. Mais alors c'eût été bien autre chose; il
y a, comme vous le savez, vous qui connaissez la
famille, une dizaine d'autres neveux ou nièces, petits-
neveux ou petites-nièces ayant les mêmes droits que
Joséphine ou Eugénie : c'eût été alors un concert
de réclamations à n'en plus finir. Pour éviter tous
ces désagréments et couper court à toute réclama-
tion, ma sœur a jugé à propos d'agir comme elle
a fait, et je lui ai donné mon entière approbation.
Je suis entré dans ces détails avec vous, ma bonne
Marthe, parce que je sais tout l'intérêt que vous
portez à ma famille, et que je tiens à justifier la
conduite de ma sœur envers elle. »

Sœur Marthe soupira, et ne répliqua rien.

Le lendemain de bonne heure, M. le curé vint

à Beauregard s'informer de la santé des voyageurs
et des incidents du voyage. Tout lui fut raconté
dans le plus grand détail. Il s'attendrit au récit des
malheurs de Mme de Bellemare, qu'il avait vue
autrefois si belle, si gaie, si heureuse; il plaignit
son mari, et trouva que sa sœur le jugeait peut-être
trop sévèrement. Quant à Jeanne, qui lui fut présentée, il la trouva charmante, lui donna quelques
dragées, et voulut qu'elle l'appelât désormais son
oncle; et la petite fille, quand il partit, se souvenant
de la recommandation, lui répondit de sa voix douce
et flûtée : « Adieu, tonton curé ! » Loin de blâmer
sa sœur d'avoir pris cette enfant avec elle, il l'en
félicita, en lui répétant ce que lui avait dit le curé
de Verneuil : « C'est une lourde charge que vous
assumez là, et songez, ma sœur, que vous aurez
à en répondre devant Dieu et devant les hommes. »

Ce ne fut pas seulement dans l'intérieur de la
famille, et, pour ainsi dire, à huis clos, que l'arrivée de l'orpheline de Verneuil donna lieu aux propos et aux commentaires. Pendant huit jours au
moins, ce fut l'objet de toutes les conversations,
surtout parmi les habitués de Beauregard. Sœur
Marthe, qui aimait assez à caqueter, n'avait pas peu
contribué à propager ces nouvelles et à en entretenir ses amis et connaissances. Elle n'osait pas, il
est vrai, après ce que lui avait dit son maître,
blâmer ouvertement Mme de Savigny; elle se con-
tentait de raconter l'histoire de M. et de Mme de
Bellemare, qu'elle avait connus dans le temps où
ils étaient à Paris et y faisaient brillante figure,
puis leur ruine, la fuite du mari, la mort de la

femme et le délaissement de leur enfant, qu'elle ne désignait jamais que sous le nom d'orpheline de Verneuil, recueillie si à propos et si charitablement par madame; et son récit se terminait ordinairement par cette réflexion judicieuse : « Il faut avouer que dans son malheur cette petite a eu de la chance. » Et tout le monde était de l'avis de sœur Marthe.

Mais de tous ceux qui s'occupèrent de cet événement, il n'y eut personne dont il fit travailler l'imagination comme celle de Mᵐᵉ Labriche, la digne épouse de M. le maire. La première de tous les habitués de Beauregard elle était accourue complimenter M. et Mᵐᵉ de Savigny dès qu'elle avait appris leur retour; elle avait comblé de caresses la petite Jeanne et s'était extasiée sur sa gentillesse, sur sa taille, sur sa bonne mine, etc. etc. Le lendemain elle était revenue avec son mari; nouveaux compliments à madame, nouvelles caresses à l'enfant. Puis on s'était attendri au récit de ses malheurs, et l'on avait applaudi avec chaleur à l'heureuse pensée qu'avaient eue M. et Mᵐᵉ de Savigny de l'adopter pour leur enfant.

Quand, après quelques jours de conversation sur le même sujet, Mᵐᵉ Labriche se fut bien assurée que le projet d'adoption était très sérieux, elle dit un soir à son mari en sortant de Beauregard :

« Sais-tu, monsieur Labriche, que cette petite orpheline abandonnée sera peut-être un jour une riche héritière ?

— Assurément, si M. et Mᵐᵉ de Savigny persistent dans leur résolution.

— Pourquoi n'y persisteraient-ils pas?

— Mon Dieu, pourquoi? je n'en sais rien; mais une foule de choses peuvent la faire changer, surtout Mme de Savigny, qui a d'assez proches parents à elle, qui pourraient bien chercher à supplanter l'étrangère.

— C'est possible; cependant cela paraît douteux, d'après ce que j'ai entendu dire à sœur Marthe. Mais dans tous les cas il importerait peu, puisque tout le bien appartient à monsieur.

— Oui, tout le bien appartient à monsieur; mais la volonté de monsieur appartient à madame, et du jour où elle s'opposerait à cette adoption, elle ne se ferait pas.

— Oh! pour ça ce n'est que trop vrai, j'en conviens, » fit Mme Labriche d'un air désappointé; puis, reprenant presque aussitôt son ton d'assurance: « Il est vrai que madame pourrait changer d'idée, et par suite en faire changer à son mari; il faut que nous cherchions un moyen de l'en empêcher.

— Et qu'est-ce que cela nous fait, s'écria en riant M. Labriche, que madame ou monsieur, ou tous les deux ensemble, changent ou non leur projet sur cette enfant?

— Qu'est-ce que cela nous fait? reprit d'un ton aigre-doux Mme Labriche; en vérité, vous autres hommes, vous n'avez guère de tact pour savoir préparer de loin les choses.

— Que veux-tu dire, ma chère amie? J'avoue que je n'y comprends rien, et que je ne sais pas deviner les énigmes.

— Eh bien, puisque tu ne sais rien deviner,
et qu'il te faut mettre les points sur les i, com-
prends-tu que si la petite est adoptée par M. de
Savigny, elle deviendra son héritière, et par conséquent elle sera le plus riche parti du pays?

— Cela, je le comprends parfaitement; et après,
où veux-tu en venir?

— Où je veux en venir? c'est que si nous savons
bien préparer et conduire les choses, ce riche parti
pourrait bien être un jour épousé par M. Henri-
Auguste Labriche, fils aîné de M. le maire de
Savigny.

— Quelle folie!

— Et en quoi y a-t-il de la folie? Toutes les
convenances ne sont-elles pas en faveur de mon
idée : rapport d'âge, de fortune, de position sociale?

— Et quand cela serait, ces enfants ne sont-ils
pas encore trop jeunes pour s'occuper déjà de leur
mariage?

— Des parents prévoyants doivent y penser longtemps d'avance ; d'ailleurs, ce mariage ne pourrait
se réaliser que dans dix ou douze ans; à cet âge
la petite aura dix-sept ans, et notre fils vingt-deux.
Eh! mon Dieu, douze ans sont bientôt passés, et,
pour moi, je ne trouve pas que ce temps soit déjà
si long. — Nous allons mettre notre fils au collège
à la rentrée; quand il aura fini ses classes, il fera
son cours de droit; ce n'est pas trop d'une douzaine
d'années pour tout cela, et nous arriverons ainsi
à l'âge où il pourra se marier. Pendant ce temps-là
nous préparerons les choses de manière que, le

moment venu, il n'y aura plus qu'à publier les bans
et à faire ceindre l'écharpe de votre adjoint : car
vous ne pouvez remplir les fonctions de maire dans
le mariage de votre fils.

— Comme tu y vas, ma femme, comme tu
y vas ! On dirait, à t'entendre, que la chose est
déjà faite ; et quand je pense que tout cela repose
sur un rêve de ton imagination, je ne comprends
pas qu'une femme sérieuse puisse s'y arrêter un
instant.

— Un rêve tant qu'il vous plaira, monsieur
l'homme positif, mais on en a vu souvent de moins
vraisemblables qui se sont réalisés. Et quand on
pense qu'il s'agit de réunir les beaux domaines de
Beauregard, de Savigny, de Combrousse, de Villarceaux, sans compter les bois et les prairies qui
appartiennent à M. de Savigny, aux propriétés que
nous possédons, ce qui ferait presque un apanage
princier, il me semble que cela vaut la peine de
s'occuper d'un projet aussi grave, et de ne pas le
regarder comme un rêve fantastique, tandis qu'on
a tant de chances de réussir.

— Mon Dieu, je ne demande pas mieux, et ce
n'est pas moi qui y mettrai obstacle ; mais, dans
ce beau projet de mariage, vous ne songez qu'à
Gugusse ; et sa sœur Caroline, qu'en ferez-vous,
si vous donnez tout notre bien à son frère ? Il faudra
la mettre au couvent, sans doute, comme on faisait
autrefois.

— Qui parle de mettre Caroline au couvent ?
mais si mon projet se réalise, songe donc que,
notre fils une fois établi, nous pourrons donner

à sa sœur une dot bien plus considérable que nous ne l'aurions pu faire sans cela ; car, loin de donner à Henri toute la portion disponible de nos biens, dont il n'aura pas besoin, nous la réserverons pour augmenter la dot de sa sœur.

— Allons, très bien, tu as réponse à tout ; il ne s'agira bientôt plus que du consentement de Jeanne et de Gugusse.

— Ne l'appelle donc plus Gugusse ; Mme de Savigny, tu le sais bien, ne peut pas supporter ce nom enfantin, et déjà plusieurs fois elle m'a dit : « Pourquoi n'appelez-vous pas votre fils du nom d'Henri, qui est son premier nom, et un si beau nom ? » Aussi, depuis ce moment-là, je ne l'appelle plus qu'Henri.

— Il y a au moins trois ans que Mme de Savigny t'a fait cette observation, et je ne t'ai entendu lui donner ce nom que depuis leur retour de Verneuil, c'est-à-dire depuis que tu t'es mis en tête ce fameux mariage ; auparavant tu disais que c'était une simple fantaisie royaliste, à laquelle tu n'avais nulle intention de te soumettre.

— Et quand cela serait, quel mal y aurait-t-il ? C'est souvent en paraissant entrer dans les idées des gens que l'on gagne leur confiance. Le nom d'Henri vaut bien celui d'Auguste ; et les domaines de Savigny, de Combrousse, de Villarceaux et le reste, méritent bien que l'on fasse quelques actes de condescendance qui ne peuvent blesser personne. »

Mme Labriche était, comme on voit, une politique adroite et une mère très prévoyante.

M. Labriche, sans paraître convaincu par les arguments de sa femme, ne laissa pas que d'y réfléchir à part lui, et il s'endormit en rêvant que son patrimoine s'arrondissait des domaines de Beauregard, Savigny, Combrousse, etc.

III

Tandis que l'arrivée de l'orpheline de Verneuil et les projets de M. et Mme de Savigny sur cette enfant défrayaient les commérages des uns et faisaient déjà naître l'ambition des autres, la petite Jeanne, insouciante et joyeuse comme on l'est à cet âge, ne songeait qu'à courir et à jouer sur la terrasse et dans le jardin de Beauregard. Tantôt elle faisait ses promenades avec maman Savigny, qu'elle divertissait de son babil enfantin et de ses questions naïves; tantôt, quand madame était occupée, elle avait pour compagne Mlle Julie, qui dansait, sautait et courait avec elle, ce qui plaisait beaucoup à l'enfant; tantôt enfin c'était M. de Savigny lui-même qui voulait être son compagnon de promenade et de jeu, et elle le préférait à maman Savigny, qu'elle trouvait trop sérieuse, et à Mlle Julie, qui s'amusait à la taquiner, tandis que le bon papa Savigny se prêtait comme un enfant à toutes ses volontés, à tous ses caprices.

Le fait est que ce vieillard (car nous pouvons lui

donner ce nom, quoiqu'il n'eût guère que cinquante-
cinq ans, et qu'il eût encore une certaine vivacité
dans les mouvements; mais ses cheveux blancs et
les rides profondes qui sillonnaient son visage por-
taient à supposer qu'il était plus que sexagénaire);
ce vieillard donc s'était, pour ainsi dire, transformé
et mis à la portée de sa petite compagne. Il ne faisait pas seulement semblant de jouer et de s'amuser
avec elle, comme madame ou la femme de chambre;
mais il s'amusait et jouait réellement, l'intérêt véritable que bon papa apportait à leurs jeux n'échap-
pait point à Jeanne, et il lui en savait gré et l'en
aimait davantage.

De nouveaux camarades plus rapprochés de son
âge et de ses goûts vinrent bientôt prendre part à
ses amusements; mais elle leur préférait encore son
bon papa Savigny. Ces nouveaux venus étaient
Henri et Caroline Labriche, que leur mère, après de
nombreuses recommandations sur la manière dont
ils devaient se conduire, avait présentés à Mᵐᵉ de
Savigny, en témoignant le désir qu'elle leur permît
de faire connaissance avec sa charmante petite fille,
et de jouer avec elle. Mᵐᵉ de Savigny ne fit pas d'objection pour Caroline; seulement à l'égard de son
frère, elle fit observer qu'il était trop grand pour
s'amuser avec une enfant de cinq ans (il avait dix
ans), et qu'il s'ennuierait avec elle. « Oh! Madame,
dit aussitôt Mᵐᵉ Labriche en répondant plutôt à la
pensée qu'aux paroles de Mᵐᵉ de Savigny, vous ne
connaissez pas mon Henri; vous ne l'avez vu que
deux ou trois fois, et j'avoue qu'il s'est conduit avec
une turbulence qui a dû vous déplaire et vous donner

une mauvaise opinion de lui; mais il y a de cela longtemps, et je vous garantis qu'aujourd'hui il est entièrement corrigé de ce défaut. Il est maintenant aussi doux et aussi rangé qu'une demoiselle, et c'est pour cela que je me suis permis de vous l'amener avant son départ pour le collège; car dans trois à quatre jours son père le conduira à Orléans et le placera au collège royal. »

Sur cette assurance, Mᵐᵉ de Savigny permit au frère et à la sœur d'aller rejoindre Jeanne, qui se promenait dans le jardin avec Mˡˡᵉ Julie. M. de Savigny s'offrit à conduire lui-même les enfants auprès de sa petite fille et à leur faire faire connaissance; et tous trois sortirent du salon.

Quand elle se trouva seule avec Mᵐᵉ Labriche, Mᵐᵉ de Savigny lui dit en souriant: « Je vous fais mon compliment du changement qui s'est opéré dans votre fils, car il était réellement par trop turbulent; c'est sans doute depuis qu'il est devenu plus raisonnable que vous avez changé son vilain nom enfantin de Gugusse pour celui d'Henri, et vous avez bien fait.

— Il y a longtemps que j'en avais l'intention; mais ce qui m'a décidée, ce sont les justes observations de Madame; et je n'ai pas voulu qu'il entrât au collège avec un autre nom que celui qu'il portera désormais.

— Je vous approuve; mais j'ai ouï dire que l'éducation dans les collèges du gouvernement est tout à fait antireligieuse; comment vous êtes-vous décidée à y placer votre fils?

— Je me suis mal expliquée en disant qu'il entrait seulement au collège royal; il en fréquentera les classes comme externe, mais il sera pensionnaire dans l'institution de M. l'abbé G..., dont vous avez probablement entendu parler, et où les élèves reçoivent une excellente éducation religieuse.

— Certainement j'ai entendu parler de cette institution et de son digne chef, qui est un des amis de mon frère.

— C'est aussi monsieur votre frère qui nous l'a fait connaître et qui nous a engagés à y mettre notre fils.

— C'est très bien; mais mon frère vous a-t-il dit que cette maison, en même temps qu'elle est très religieuse, passe aussi pour être très légitimiste?

— Je le savais depuis longtemps.

— Et cela ne vous a pas empêchée d'y mettre votre fils?

— Et pourquoi cela nous en eût-il empêchés?

— Mais... parce que... il me semble que votre mari étant fonctionnaire public, et par conséquent rallié au nouveau gouvernement, ne voudrait pas commettre en quelque sorte un acte d'opposition en faisant élever son fils dans une institution connue pour ses principes légitimistes. Je connais un procureur du roi qui pour ce motif n'a pas osé y mettre le sien, quoique ce soit un homme foncièrement religieux et qui fait le plus grand cas de l'abbé G...

— Oh! bien! mon mari est plus indépendant, et si on lui ôte sa place, il est déjà tout consolé. D'ailleurs, s'il l'a acceptée, il ne faut pas croire que ce soit par attachement et par dévouement pour le nouveau ré-ime; c'était pour empêcher qu'elle ne tombât entre les mains de certains individus qui n'auraient pas mieux demandé que de se servir de l'autorité mu-

nicipale pour vexer les honnêtes gens. Mais dans le
fond, lui et moi, je puis bien vous le dire entre nous,
nous sommes légitimistes, je ne dirai pas plus,

M. de Savigny se prêtait comme un enfant à tous les caprices de Jeanne.

mais autant que vous et monsieur votre mari. »
    Une pareille déclaration avait de quoi surprendre
Mme de Savigny, qui se rappelait certains faits et
certains discours de M. le maire à l'époque de sa
nomination, qu'il avait sollicitée avec instance et

en se montrant un de plus zélés partisans de la
royauté du 9 août. Il est vrai que plus tard il avait
fait preuve de modération, sans toutefois mani-
fester d'opinions légitimistes, et depuis qu'il avait
été reçu dans la maison de Beauregard, il avait eu
le plus grand soin de se tenir dans un *juste milieu*
qui ne laissait pas de couvrir sa véritable opinion,
si toutefois il en avait une ; car, disons-le tout de
suite, M. Labriche, ainsi que madame son épouse,
n'était pas plus légitimiste qu'orléaniste. En fait d'opinion politique, ils ne connaissaient que leur intérêt,
toujours prêts à embrasser tel ou tel parti, selon
qu'ils y trouveraient leur avantage. C'est ainsi que
maintenant Mme Labriche, dont nous connaissons
les vues et les projets, s'appliquait à gagner la confiance de Mme de Savigny en manifestant une opinion
à laquelle elle la savait dévouée, et qu'elle élevait,
pour ainsi dire, à la hauteur d'un culte.

Quand on est profondément pénétré d'une opinion, qu'on la garde comme la seule raisonnable,
la seule vraie, on est facilement disposé à croire
que tout le monde doit tôt ou tard la partager. Telle
était la situation de Mme de Savigny. Aussi, malgré
la surprise que lui causa d'abord une manifestation
à laquelle elle ne s'attendait pas, comme elle était
à mille lieues de soupçonner ce qui lui avait valu
cette confidence de la part de Mme Labriche, elle
finit par la prendre au sérieux, et par croire qu'elle
avait avec elle une coreligionnaire politique. Aussi,
lui prenant les deux mains dans les siennes et les
serrant avec une effusion qui était chez elle bien
extraordinaire, elle lui répondit : « Ce que vous me

dites là, madame Labriche, me cause un plaisir
que je ne saurais vous exprimer ; non, vous ne
sauriez croire combien je goûte de bonheur à voir
se grossir le troupeau de nos fidèles, que j'ai vu se
disperser d'une manière si déplorable et si lâche
il y a cinq ans !

— Oh! Madame, ce troupeau est bien plus nombreux que vous ne le pensez ; seulement beaucoup
de ceux qui en font partie se cachent, les uns par
politique et par timidité, ou parce qu'ils aiment leur
tranquillité, les autres pour ne pas perdre leur place,
comme le procureur du roi dont vous parliez tout
à l'heure, ou comme M. Létigna, le percepteur de
Savigny, qui ne vient jamais chez vous qu'en tremblant, de peur de se compromettre ; mais qu'une
occasion se présente, et vous verrez tout ce monde
accourir en foule se ranger sous l'antique bannière
de nos rois légitimes.

— J'aime à vous croire ; en attendant, on est
bien aise de savoir sur qui l'on peut compter, et
j'avoue que je suis enchantée de trouver en vous,
Madame, une personne à qui je puisse désormais
ouvrir mon cœur et confier, avec l'assurance qu'elle
les partagera, mes craintes et mes espérances. »

C'était tout ce que voulait Mme Labriche. En
femme prudente, elle jugea qu'elle était allée assez
loin le premier jour, se réservant de poursuivre plus
tard avec persévérance une entreprise si heureuse-
ment commencée. Elle rappela ses deux enfants, et
prit avec eux congé de Mme de Savigny.

Si cette dernière avait été contente de Mme Labriche, Jeanne, de son côté, avait été enchantée de

ses nouveaux camarades, et Mᴵˡᵉ Julie, qui pourtant ne les aimait guère, fut forcée d'avouer que le frère et la sœur avaient été très convenables. On voit que les leçons de leur mère avaient profité.

Mᵐᵉ Labriche ne venait ordinairement qu'une fois ou deux par semaine à Beauregard, le dimanche et le jeudi soir, jour de réception ; elle n'y paraissait dans la journée que de loin en loin, pour les visites de politesse indispensables. Elle se garda bien de changer ses habitudes, malgré l'accueil sympathique que venait de lui faire Mᵐᵉ de Savigny. Elle tenait à être désirée et à ne paraître céder qu'aux instances qui lui seraient faites. Elle retarda même d'un jour ou deux sa première visite à Beauregard, et elle n'y revint que la veille du départ de son fils, qu'elle amena pour faire ses adieux.

Mᵐᵉ de Savigny ne manqua pas de se plaindre de sa longue absence, et Mᵐᵉ Labriche l'attribua aux embarras que lui avaient causés les préparatifs nécessaires pour l'entrée de son fils à la pension. « Maintenant, dit alors Mᵐᵉ de Savigny, que cette pauvre Caroline va être privée de la société de son frère, j'espère que vous l'amènerez plus souvent jouer avec Jeanne ; ce sera pour moi une occasion de vous voir aussi plus souvent, et pour vous un moyen de vous distraire de l'ennui que vous causera l'absence de votre cher Henri. »

Mᵐᵉ Labriche remercia cordialement Mᵐᵉ de Savigny de sa gracieuse invitation, lui promettant d'en user et même, ajouta-t-elle, d'en abuser, si elle suivait son penchant, et si elle ne craignait d'être indiscrète.

Mme de Savigny s'empressa de la rassurer à cet égard, et elles se quittèrent les meilleures amies du monde.

A compter de ce jour, on peut dire qu'il régna une intimité extraordinaire entre les deux familles. Mme Labriche, souple, insinuante, adroite, avait promptement reconnu les petits travers de Mme de Savigny, surtout son penchant à la domination et son faible pour les titres nobiliaires ; elle s'attacha dès lors à flatter ses dispositions par tous les moyens qu'elle put imaginer. Ainsi, dans le tête-à-tête, elle avait commencé à lui donner quelquefois le titre de comtesse ; Mme de Savigny s'en était défendue faiblement, en disant que le diplôme qui accordait ce titre à son mari n'avait pu être régularisé par suite de la révolution de juillet. « Bah ! qu'importe ? répliqua Mme Labriche, ce n'est pas le parchemin qui donne le titre, c'est la volonté du roi ; or cette volonté a été manifestée en plein conseil des ministres, comme l'atteste la lettre qui vous l'a annoncée et que vous m'avez lue. Si monsieur votre mari n'a pas reçu l'expédition de cette décision royale, c'est uniquement par une force majeure qui ne saurait infirmer la décision même ; ainsi vous et monsieur votre mari vous êtes bien réellement et bien légitimement comte et comtesse de Savigny aux yeux de tout homme raisonnable, surtout aux yeux des véritables royalistes. Ainsi rien ne m'empêchera désormais de vous donner ce titre, et même publiquement.

— Prenez garde, chère amie, ce serait peut-être imprudent.

6

— Imprudent, et pourquoi? Ne voyons-nous pas tous les jours, au milieu de la confusion qui règne, des gens de rien, sortis on ne sait d'où, s'affubler des titres de comtes, de ducs, de marquis, voire même de princes, et qui n'en ont pas plus le droit que moi? Il serait plaisant, vraiment, que ceux qui ont à ces titres des droits incontestables s'abstinssent de les prendre par suite d'une prudence que je ne saurais comprendre. »

Mme de Savigny parut se résigner, et dès lors son amie ne l'appela plus que madame la comtesse. Bientôt les personnes qui faisaient partie des réunions du soir, grâce aux insinuations et aux explications de M. le maire et de sa femme, ne donnèrent plus d'autres noms à M. et à Mme de Savigny que ceux de comte et de comtesse. D'après les conseils de Mme Labriche, Mme de Savigny fit repeindre ses armoiries sur sa voiture, en les surmontant de la couronne de comte; le cocher et François reçurent une livrée neuve, avec des boutons dorés sur lesquels étaient gravées les mêmes armoiries et la même couronne.

M. de Savigny se vit avec la plus parfaite indifférence affublé d'un nouveau titre qu'il n'avait pris que par complaisance pour sa femme. Quant à M. le curé, il fit d'abord à sa sœur quelques remontrances sérieuses à ce sujet. La conduite du maire et de sa femme lui paraissait surtout inexplicable; et quand sa sœur lui affirmait que M. et Mme Labriche étaient aussi légitimistes qu'elle-même, le bon curé remuait la tête d'un air de doute en disant: « Je ne vous supposais pas si crédule, ma sœur; puisse l'avenir ne pas vous détromper peut-être cruellement !

— Mais quel intérêt voulez-vous que Mme Labriche ait à simuler une opinion qui ne serait pas réellement la sienne ?

— J'avoue que je n'en sais rien absolument; mais je n'y ai pas de confiance. Quelle idée a-t-elle eue, par exemple, de vous faire prendre un titre qui pourrait vous compromettre un jour si quelque nouvelle révolution éclatait ? car, il ne faut pas se le dissimuler, nous marchons sur un volcan.

— Bah ! mon frère, vous voyez toujours les choses trop en noir, et si nos rois légitimes sont rétablis, quel danger y aurait-il à reprendre un titre qu'ils nous ont accordé ?

— A ce moment-là il eût été assez tôt de le reprendre ; mais jusque-là je n'en vois point la nécessité, et j'y vois, au contraire, plus d'un inconvénient. »

Cette fois les conseils du curé ne furent pas écoutés ; il cessa dès lors de lui parler sérieusement sur ce sujet, mais souvent il l'attaquait par des plaisanteries mordantes qui blessaient au vif la vanité de Mme la comtesse. L'intimité n'en continua pas moins entre elle et Mme Labriche, et pendant plus de dix ans on peut dire que Mme de Savigny ne vit que par les yeux de la femme de M. le maire.

————

IV

Éducation de Jeanne.

A mesure que Jeanne grandissait, elle devenait de plus en plus gentille, et son intelligence, ainsi que les belles qualités de son âme, se développaient d'une manière admirable. Tout le monde dans la maison, maîtres et domestiques, en raffolaient ; et peut-être cette tendresse, aveugle chez plusieurs, eût-elle été funeste à cette enfant en laissant trop facilement germer des défauts qui eussent étouffé ses bonnes qualités, s'il ne se fût rencontré deux personnes qui l'aimaient aussi tendrement, mais qui ne la gâtaient pas. Ces deux personnes étaient Mᵐᵉ de Savigny et son frère, M. le curé.

Dans les commencements, Mᵐᵉ de Savigny avait peut-être été une des premières à la gâter. Elle souffrait d'abord tous ses caprices, et voulait que chacun les supportât comme elle ; puis, quand l'enfant finissait par lui devenir importune, elle la grondait avec une sévérité excessive, qui l'effrayait sans la corriger.

Lorsque le temps du deuil de Jeanne fut expiré, Mme de Savigny s'imagina de lui faire faire un trousseau magnifique : la soie, la dentelle, le velours, les rubans, rien ne fut épargné. Elle lui faisait changer de toilette trois ou quatre fois par jour ; c'était en quelque sorte une poupée qu'elle et sa femme de chambre Julie s'amusaient à habiller et à déshabiller du matin au soir. Quand elles l'avaient parée de quelque ajustement nouveau qui selon elles lui seyait à merveille, on la plaçait devant une glace pour qu'elle vît comme elle était jolie. On appelait M. de Savigny, quelquefois même Françoise et jusqu'à Manette, pour l'admirer. Puis, s'il y avait des étrangers, on la conduisait au salon, et là, nouvelle extase, nouveaux compliments. Dans ses occasions-là, Mme Labriche ne trouvait pas de termes assez forts pour exprimer son admiration : jamais, disait-elle, on n'avait vu une petite fille aussi ravissante ; elle la proclamait un bijou, une perle incomparable ; puis elle terminait ses exagérations ridicules par l'éloge emphatique du goût exquis de la personne qui avait choisi et ordonné cette délicieuse toilette.

La vanité et la coquetterie sont, hélas! des défauts qu'on peut dire innés chez la femme ; dès l'enfance nous les voyons percer, et si une main ferme et intelligente n'arrête à temps leur croissance, ils jettent dans le cœur des racines qu'il est bien difficile plus tard d'en arracher.

La petite Jeanne n'était pas plus qu'une autre personne de son sexe exempte de ces imperfections. Quoiqu'elle n'eût que six ans à peine, elle était déjà sensible à ces louanges outrées qu'elle entendait

faire de sa beauté ; elle-même ne se lassait pas de
vouloir se regarder dans les glaces du salon ; et
Julie était obligée à chaque instant de l'élever dans
ses bras, ou de la faire monter sur un meuble, afin
qu'elle pût s'admirer tout à son aise. Autrefois il
eût été difficile de la faire rester immobile pendant
quelques minutes ; maintenant, quand il y avait du
monde au salon, et surtout quand elle entendait son
éloge, elle serait restée des heures entières sans
bouger sur une chaise. Au jardin, elle se promenait
gravement, en donnant la main à sa mère, n'osant
courir et sauter comme autrefois, de peur de froisser
ou de déchirer sa belle robe. Sa camarade Caroline,
qui maintenant venait tous les jours pour s'amuser
avec elle, était contrainte de rester immobile comme
elle, ou de marcher au pas dans le jardin, quoiqu'elle n'eût point de robe de prix qu'elle craignît
de gâter. Sa mère lui avait recommandé expressément de faire tout ce qu'elle verrait faire à Jeanne ;
et la pauvre Caroline obéissait en bâillant, ne com-
prenant pas le plaisir qu'on pouvait avoir à rester
assise immobile et si longtemps, ou bien à se promener comme des chantres pendant le *Magnificat.*

M. le curé, témoin de quelques-unes de ces scènes,
en fit à sa sœur des observations sérieuses, et elles
furent plus facilement écoutées que celles qu'il lui
avait adressées relativement à la reprise de son titre
de comtesse. D'ailleurs elle s'était déjà elle-même
aperçue de l'impression que produisait sur cette
enfant précoce les parures exagérées et les louanges
qu'elles lui attiraient, et elle avait résolu de mettre
un terme à ce qu'elle n'avait d'abord regardé que

comme un amusement pour elle-même sans conséquence pour l'enfant. Les justes observations de son
frère la déterminèrent à cesser ce badinage ridicule et dangereux. Mais, quand elle voulut remettre
à Jeanne une toilette simple et convenable à une
petite fille de son âge, elle fut étonnée de la résistance qu'elle rencontra. C'étaient des pleurs et des
gémissements à n'en plus finir. Mme de Savigny se
fâcha, parla de ce ton impétueux qui faisait trembler
tout son entourage, et qui effrayait si fort la pauvre
petite; mais ses larmes et ses sanglots ne firent que
redoubler. A la fin, sur l'avis de son frère, elle prit
un moyen qui lui réussit parfaitement. « Eh bien !
Jeanne, lui dit-elle, puisque tu veux absolument
mettre tes belles robes tous les jours et jouer à la
grande dame, j'y consens ; mais alors il faudra être
grande dame tout à fait ; il faudra toute la journée
rester au salon comme maman, ne plus courir dans
le jardin, ne plus sauter à la corde, ni jouer au
cerceau ni au volant avec Caroline ou avec Julie.

— Je le veux bien, dit Jeanne, moitié riant, moitié pleurant.

— En ce cas, nous allons commencer tout de
suite, » dit sa mère, et aussitôt elle l'habilla dans
sa toilette la plus splendide et la conduisit au salon,
où il n'y avait personne. Mme de Savigny la fit
asseoir dans un fauteuil, s'assit elle-même vis-à-vis
d'elle, puis se mit à travailler à de la tapisserie. Un
instant après on sonna : c'était Caroline seule qui
venait, comme d'habitude, passer sa récréation avec
Jeanne.

Quand elle entra, Mme de Savigny lui dit : « Ma

chère Caroline, je ne vous engage pas à rester dans le salon avec nous, cela serait trop triste pour vous; allez dans le jardin vous amuser avec Julie, elle vous fera jouer à l'escarpolette, que j'ai fait arranger hier par le jardinier.

— Est-ce que Jeanne n'y vient pas aussi ? demanda timidement Caroline.

— Non, ma fille ; Jeanne, comme vous le voyez, est en grande toilette, et elle ne peut pas s'amuser comme vous, qui ne craignez pas de froisser votre robe. »

Là-dessus Julie, qui avait le mot, prit la main de Caroline et l'entraîna au jardin. Bientôt leurs éclats de rire, leurs cris de joie retentirent jusque dans le salon silencieux. Jeanne avait les yeux continuellement tournés du côté de la terrasse, où de temps en temps elle voyait, à travers les vitres, passer et repasser Caroline et Julie, qui paraissaient se divertir à cœur joie. « Jeanne, lui dit gravement Mᵐᵉ de Savigny, il est de très mauvais ton, quand on est avec quelqu'un, de détourner continuellement la tête, et de ne pas regarder la personne qu'on a en face de soi. » Jeanne se remit convenablement sur son siège, les yeux baissés, mais la figure tournée vis-à-vis de sa maman. Au bout d'un quart d'heure d'immobilité, elle se mit à bâiller à se démettre la mâchoire. « Jeanne, reprit Mᵐᵉ de Savigny, toujours calme et toujours grave, il est encore de plus mauvais ton de bâiller comme vous le faites. » Et Jeanne essaya de comprimer ses bâillements, et, n'y pouvant réussir, elle les étouffait comme elle en pouvait tenant ses deux mains sur sa bouche.

En ce moment Julie arriva, demandant pour Caroline la permission de monter sur l'âne du jardinier avec Mlle Jeanne, en se plaçant chacune dans un des paniers pour faire contrepoids. Le jardinier les conduirait jusqu'au grand verger, où il allait ramasser des noix, et pendant qu'on les gaulerait, ces demoiselles pourraient encore s'amuser à courir sur l'âne; enfin, pour revenir, s'il était trop chargé, Julie les ramènerait, à pied, en passant par la ferme de la mère Jolibois, où l'on boirait de bon lait.

« Mon Dieu, Julie, répondit négligemment Mme de Savigny, je ne vous conçois pas de venir me faire une pareille demande. Vous savez mieux que personne, puisque c'est vous qui l'avez habillée, que Jeanne est en toilette de cérémonie, en robe de salon, et qu'on ne va pas courir les champs, monter dans des paniers à âne, et boire du lait chez la mère Jolibois, avec une robe à volants de dentelle et à rubans.

— Ah! pardon, Madame, fit Julie d'un petit air sournois, je n'y pensais pas. C'est bien dommage! vraiment; nous nous serions bien amusées; mais nous irons tout de même toutes deux, moi et Mlle Caroline; seulement je mettrai des pierres dans un des paniers de l'âne pour faire contrepoids.

— Arrangez-vous comme vous voudrez, et divertissez-vous bien. »

Ici Jeanne éclata en sanglots, et Mme de Savigny lui dit d'un air étonné : « Qu'as-tu donc, ma pauvre Jeanne, pour pleurer ainsi? Mais c'est encore de plus mauvais ton que de bâiller et d'être distraite.

— Je... vou...ou...drais bien a... aller à â...ne,

a...vec Ca...roline, répondit-elle d'une voix entre-
coupée.

— Comment, ma fille, aller à âne avec une robe
garnie de dentelle! Mais ce serait du dernier ridicule, et chacun te montrerait au doigt.

— Non pas avec cette robe, s'écria-t-elle avec
vivacité; permettez-moi, chère maman, de l'ôter,
et mettez-moi celle que vous voudrez.

— Je le veux bien; mais alors il faudra y renoncer,
ainsi qu'au rôle de grande dame.

— Oh! je ne demande pas mieux, » fit-elle joyeu-
sement; et, courant à Julie, elle lui prit les mains
en disant : « Venez, venez vite me déshabiller, et
me passer une autre robe, que j'aille rejoindre
Caroline. »

Cette leçon lui profita, et à partir de ce moment
il ne fut plus question de toilette recherchée ni de
jouer à la grande dame. Mme de Savigny se montra
aussi moins familière avec elle qu'auparavant; peut-
être même devint-elle parfois trop sévère, et cela
affligeait la pauvre enfant, qui ne comprenait pas la
cause de cette nouvelle manière d'être.

Ce fut M. le curé qui parvint à la consoler en lui
expliquant les motifs du changement qu'elle croyait
remarquer dans la conduite de sa maman à son
égard.

« Vous n'étiez jusqu'ici à ses yeux, lui dit-il, qu'une
enfant encore privée de l'usage de la raison, et elle
vous traitait en conséquence; maintenant que vous
avez atteint l'âge de discrétion, elle vous traite comme
une petite fille déjà raisonnable ou qui doit l'être;
elle vous parle plus sérieusement qu'autrefois, parce

que vous êtes plus capable de comprendre ce langage; mais elle ne vous aime pas moins : seulement, au lieu de vous aimer comme une poupée qui ne sert que d'amusement, elle vous aime comme une enfant devenue raisonnable et avec laquelle on doit agir en conséquence. »

Ces explications, que son intelligence saisissait parfaitement, lui paraissaient fort justes; mais cela ne l'empêcha pas de trouver que sa maman devenait trop froide avec elle, et elle aurait autant aimé qu'elle la traitât moins en grande fille, et qu'elle répondît davantage à ses caresses.

Mais elle trouvait un ample dédommagement de la froideur de sa mère adoptive dans l'affection toujours si douce et si sympathique de son bon papa Savigny. Lui, il n'avait pas changé à son égard, il jouait toujours avec elle comme par le passé ; seulement ses jeux étaient entremêlés de leçons qui, sans fatiguer l'enfant, l'initiaient aux premières connaissances indispensables et souvent si pénibles à acquérir à cet âge. C'est ainsi que, presque sans s'en apercevoir, elle apprit à lire et à écrire et qu'elle reçut les premières notions de religion et de morale.

M. de Savigny, qui avait passé en Angleterre, comme nous l'avons vu, la plus grande partie de sa jeunesse, de dix à vingt-cinq ans, parlait parfaitement l'anglais, au point d'étonner les Anglais eux-mêmes par la facilité et l'élégance de son langage, et surtout par la pureté de son accent. Il se mit dans la tête d'apprendre à Jeanne à parler anglais, non pas en lui enseignant la grammaire et les règles d'anglais dans un livre, car elle ne savait pas encore lire, mais en lui apprenant cette langue comme elle avait appris sa langue maternelle, c'est-à-dire en lui répétant les mots et les phrases les plus usuelles ; et en les faisant répéter à elle-même jusqu'à ce qu'elle les retînt et les prononçât régulièrement. Par cette méthode, au bout de deux à trois ans, et avant qu'elle eût ouvert une grammaire anglaise, elle parlait anglais aussi facilement que français. Ce fut seulement quand elle eut atteint l'âge de huit ans que M. de Savigny lui mit en main la grammaire des deux langues. Alors elle apprit les principes de l'une et de l'autre en les comparant sans cesse et saisissant avec une sagacité extraordinaire les différences qui marquent le génie des deux langues.

Nous avons dit que M. de Savigny était fort instruit. L'étude était une de ses plus douces jouissances, et il y consacrait presque tous ses loisirs. Mais jusqu'alors il n'avait, pour ainsi dire, étudié que pour lui-même, pour sa propre satisfaction, et il n'avait jamais pensé à répandre au dehors les trésors d'érudition et de science amassés silencieusement pendant tant d'années. Ce ne fut qu'à l'arrivée de Jeanne qu'il songea à tirer parti de ses connaissances au profit de cette enfant, et qu'il résolut de lui enseigner tout ce qui pouvait convenir à son âge et à son sexe. Mais, avec un tact judicieux, il comprit qu'il ne devait point suivre les règles ordinaires de la pédagogie ; il commença par étudier le caractère, l'esprit, et la portée de l'intelligence de l'enfant, en se faisant, pour ainsi dire, enfant lui-même, et en gagnant sa confiance, tout en ayant l'air de ne faire que jouer avec elle. Comme un médecin qui a fait une étude particulière du tempérament d'un sujet prescrit en conséquence la quantité et la qualité de nourriture convenables à son estomac, ainsi M. de Savigny, après avoir reconnu la capacité et les forces de l'intelligence de Jeanne, s'appliqua à donner à son esprit une nourriture proportionnée à cette capacité et à ces forces.

Ce fut toujours par l'enseignement oral qu'il lui donna les premières notions des sciences auxquelles il voulait l'initier, comme nous l'avons vu faire pour la langue anglaise. Par cette méthode, il lui était plus facile de se mettre à la portée de son écolière, et de ne rien laisser passer qu'elle ne comprît parfaitement. Il en usa de même pour l'enseignement de l'histoire sainte, de l'histoire ancienne, de l'histoire de France, de la géographie, etc.

Jusqu'à l'âge de douze ans, l'enseignement de la religion tint la plus grande place dans l'éducation de Jeanne. Ici M. de Savigny fut secondé par le curé, qui venait une fois par semaine faire une sorte d'examen de ce qu'elle avait appris les jours précédents. A douze ans, elle fit sa première communion, avec une piété, une foi, qui édifièrent tout le monde.

Après sa première communion, elle reprit avec son bon papa ses études, un peu négligées pendant le temps qu'elle s'était préparée à cet acte important. M. de Savigny lui mit entre les mains les meilleurs auteurs classiques anglais et français, et elle fit ainsi, jusqu'à l'âge de seize ans, un cours de

littérature comparée des plus variés et des plus
intéressants. Nous verrons plus tard par qui il fut
interrompu.

Les études sérieuses n'avaient pas absorbé tellement le temps de Jeanne, qu'elle n'en eût consacré
une partie aux arts d'agrément et aux travaux de
son sexe. Mme de Savigny se chargea de lui enseigner la musique et le dessin. Elle fit dans ces deux
arts des progrès sensibles, mais moins marqués,
cependant que dans les études sérieuses. Cela tenait-il
à son goût moins prononcé pour les uns que pour
les autres? Cela tenait-il à la manière différente dont
l'enseignement lui était donné dans les deux genres
de connaissances? Le fait est qu'elle trouvait parfois sa leçon de dessin ou de musique fort longue,
fort pénible ou fort ennuyeuse, et qu'elle revenait
comme par délassement à un travail commencé sur
Bossuet, sur Racine, sur Fénelon ou sur Shake-
speare, etc.

Mlle Julie avait été chargée de lui apprendre à
coudre, à broder, à faire de la tapisserie, et tous
ces petits ouvrages d'aiguille qu'une femme n'a pas
de mérite à connaître, et qu'il est honteux pour elle
d'ignorer. Sous ce rapport, les progrès de Jeanne
ne laissèrent rien à désirer, et Mme Labriche, chaque
fois qu'elle voyait une de ses broderies ou de ses
tapisseries, s'écriait avec son emphase ordinaire :
« C'est merveilleux! Elle travaille vraiment comme
une fée! Ma Caroline, qui a pourtant deux ans de
plus qu'elle, ne pourrait pas faire aussi bien. » Et
ceci était vrai, quoiqu'elles eussent l'une et l'autre
la même maîtresse d'ouvrage. Voici comment :

Quand Mme Labriche avait entendu parler des
progrès merveilleux que faisait Jeanne dans les
diverses branches de connaissances que lui ensei-
gnait M. de Savigny, elle conçut l'idée de faire donner
à sa fille la même instruction par le même professeur. Elle eut l'adresse de faire entendre à Mme la
comtesse qu'il ne serait pas plus fatigant pour M. le
comte de donner des leçons à deux élèves qu'à une,
et qu'il y aurait même un avantage pour la première, parce que la présence d'une camarade exci-
terait son émulation et lui ferait faire de plus rapides
progrès.

Mme de Savigny entra dans ses vues et même elle
ajouta qu'elle se chargerait aussi de donner à Caroline des leçons de musique et de dessin. Mme Labriche se confondit en remerciements, et courut
toute joyeuse annoncer cette bonne nouvelle à son
mari et à sa fille.

M. de Savigny ne fut pas si joyeux en apprenant
cette décision, pour laquelle, selon l'ordinaire, on
ne l'avait pas consulté. Il se permit même de faire
à sa femme quelques observations dont celle-ci ne
put s'empêcher de reconnaître la justesse. « J'ai
étudié, lui dit-il, le caractère et le degré d'intelligence de Jeanne ; cette étude a été longue ; mais
c'est parce que je l'ai faite avec soin et conscience
que je puis lui donner aujourd'hui une instruction
convenable, et obtenir d'elle ces progrès dont on
s'étonne quand on ne sait pas les moyens que j'ai
employés pour arriver à ce résultat. Maintenant
vous me proposez de me charger de l'instruction
d'une enfant que je ne connais pas, que je n'ai pas

étudiée; c'est un travail tout nouveau à faire, et d'autant plus pénible, que cette petite Caroline, autant que je puis en juger sans l'avoir examinée attentivement, me paraît un esprit borné, incapable de pouvoir suivre Jeanne, et plutôt faite pour la retarder dans ses progrès que pour être auprès d'elle, comme vous le pensiez, un sujet d'émulation. »

Mme de Savigny, qui connaissait fort bien Caroline pour une petite fille d'un bon caractère, fort douce, mais d'une intelligence étroite, et même d'une bêtise qui prêtait à rire à ses dépens, comprit parfaitement la répugnance de son mari; mais elle s'était engagée, elle ne pouvait reculer. « Recevez-la, dit-elle, pendant quelques jours à l'heure des leçons de Jeanne, continuez comme si elle n'était pas là; et quand vous aurez fini, vous lui ferez quelques questions; Jeanne lui en fera également pour savoir si elle a saisi quelque chose. Comme il est probable qu'elle n'aura rien compris, vous ne perdrez pas votre temps à vouloir lui donner des explications qui seraient tout aussi inintelligibles pour elle. Je vous garantis qu'au bout de huit jours de ce régime, elle demandera elle-même à ne plus suivre vos leçons, ou je trouverai bien moyen de vous en débarrasser. »

Effectivement la pauvre Caroline écoutait M. de Savigny et Jeanne pendant la leçon comme s'ils eussent parlé hébreu, et souvent il lui arrivait de s'endormir.

Pour la musique et le dessin, Mme de Savigny trouvait dans cette enfant la même inaptitude. Il n'y eut que pour les ouvrages à l'aiguille qu'elle réussit assez bien ; on peut même dire que là elle servait à exciter l'émulation de Jeanne, qui auparavant n'écoutait pas les leçons de Julie, et ne songeait, au lieu de travailler, qu'à jouer avec elle, ce que celle-ci permettait facilement, quand madame n'était pas là.

Au bout d'un mois ou deux, Mᵐᵉ de Savigny prévint Mᵐᵉ Labriche, avec beaucoup de précaution, que monsieur ne pouvait pas continuer à donner des leçons à Caroline; qu'il lui trouvait trop peu de dispositions pour le genre d'études qu'il avait adopté pour Jeanne, ce qui ne l'empêcherait pas, sans doute, de réussir dans d'autres parties. « Effectivement, ajouta-t-elle, elle a quelques dispositions pour la musique et le dessin; mais elle réussit à merveille dans les travaux d'aiguille, et Julie trouve qu'elle est beaucoup plus adroite que Jeanne. »

Mᵐᵉ Labriche accepta cette fiche de consolation, et continua d'envoyer sa fille recevoir des leçons de broderie à Beauregard.

V

On avait été pendant près de trois ans sans entendre parler de M. de Bellemare. M. de Savigny avait écrit plusieurs fois à Verneuil pour en avoir des nouvelles, et toujours on lui avait répondu qu'on n'en avait aucune. Enfin, au commencement de 1839, le vieu~ curé de Verneuil écrivait à M. de Savigny une lettre dont nous allons extraire les principaux passages.

« Nous avons enfin des nouvelles du fugitif ou de
« l'exilé, comme vous voudrez l'appeler. Le mois
« dernier est arrivé ici un Anglais, employé de la
« maison Walston and Cᵒ, lequel était porteur d'une
« procuration authentique de M. de Bellemare à
« l'effet de convoquer ses créanciers, de solder
« entièrement le montant de leurs créances, capital,
« intérêts et frais, et, cette opération terminée,

« poursuivre sa réhabilitation devant le tribunal
« compétent.

« Cet homme a déclaré que M. de Bellemare était
« à Calcutta; qu'il était associé, ou plutôt qu'il était
« sur le point de devenir associé de la maison
« Walston; qu'il n'attendait pour cela que l'expé-
« dition en règle de l'arrêt qui prononcerait sa réha-
« bilitation. Et comme on paraissait surpris qu'il
« pût avoir en si peu de temps amassé des capitaux
« suffisants pour désintéresser tous ses créanciers,
« et devenir l'associé d'une maison aussi considé-
« rable, le mandataire de M. de Bellemare a ré-
« pondu que celui-ci ayant appris, quelque temps
« avant son arrivée aux Indes, la mort de sa femme
« et de son enfant, s'était remarié avec une riche
« héritière de Calcutta, qu'il avait déjà fait de fort
« belles spéculations avec une partie des capitaux
« provenant de la dot de sa femme, ce qui lui avait
« permis de solder entièrement ses anciens créan-
« ciers, et ce qui lui permettrait de s'associer avec
« M. Walston. Quand on lui objecta que l'enfant
« de M. de Bellemare n'était pas morte, il répondit
« avec un flegme tout britannique : « Mais sa femme
« est-elle réellement morte? — Hélas! oui, répon-
« dit-on. — En ce cas, ça ne fait rien, reprit-il,
« que la petite fille soit vivante; ah! si c'était la
« mère, l'affaire eût été bien différente, car alors
« son nouveau mariage aurait été nul. » On l'enga-
« gea au moins, quand il écrirait à M. de Belle-
« mare, à lui donner des nouvelles de sa fille, à lui
« dire où elle était placée, et qu'un de ses anciens
« amis s'en était chargé à titre de tuteur officieux

« et dans l'intention de l'adopter. « Bah! répon-
« dit-il, je n'en vois pas la nécessité. Il croit sa
« fille morte, il l'a pleurée, c'est bien ; maintenant
« il n'y pense plus. S'il la savait vivante, ça lui
« donnerait du tourment, des inquiétudes, des préoc-
« cupations, toujours nuisibles aux gens qui sont
« dans les affaires, et qui ont besoin de toute leur
« présence d'esprit et de tout leur sang-froid. »

« Jamais je ne me serais douté, ajoutait le bon
« curé, quoique je l'eusse souvent entendu dire,
« jusqu'à quel point les affaires d'intérêt dessèchent
« le cœur, si je n'avais entendu parler ce digne
« représentant de la maison Walston and Co.

« Du reste, c'était un homme d'une ponctualité
« d'horloge ; toutes les minutes de sa journée étaient
« calculées à l'avance. Il n'est resté à Verneuil et
« à Évreux que le temps nécessaire pour régler le
« compte des créanciers et les solder, retirer les
« quittances, les transmettre aux avoués qui de-
« vaient poursuivre la réhabilitation, et une fois
« l'affaire engagée, tous les frais payés d'avance,
« il est parti avant le prononcé de la sentence,
« dont on a dû lui envoyer une expédition. Ce juge-
« ment a été prononcé après son départ, et je
« vous envoie un exemplaire du journal qui en
« contient un extrait très honorable pour M. de
« Bellemare.

« J'ai pensé, disait en terminant le vieux curé,
« que vous liriez avec intérêt ce document, qui
« lave de toute tache votre ancien ami et le père
« de votre intéressante pupille. En même temps je
« pense que vous ferez très bien, malgré les singu-

« lières idées du représentant de la maison Wal-
« ston, d'écrire à M. de Bellemare pour lui apprendre
« l'existence et la position de son enfant, et lui
« demander au moins son consentement à l'acte par
« lequel vous vous êtes déclaré son tuteur officieux ;
« faute de quoi, cet acte et l'adoption que vous vous
« proposez de faire de cette enfant pourraient bien
« être frappés de nullité... »

Cette lettre donna lieu à une espèce de conseil de
famille entre M. et Mᵐᵉ de Savigny et leur frère le
curé. Mᵐᵉ de Savigny était furieuse : elle était d'avis
qu'il ne fallait pas écrire à M. de Bellemare, puisqu'il avait abandonné sa femme et son enfant ; que
sur des bruits vagues, et sans avoir une certitude
positive de leur mort, il s'était hâté de se remarier,
on ne devait avoir pour lui aucun égard, et il fallait
l'oublier comme il avait oublié lui-même sa femme
et sa fille ; qu'elle se garderait bien de révéler à cette
enfant l'existence de ce père dénaturé ; que son souvenir commençait déjà à s'effacer de sa mémoire,
et qu'il serait peut-être dangereux, mais tout au
moins inutile, de le réveiller.

« Ma sœur, lui répondit gravement le curé, mon
confrère de Verneuil nous disait dans sa lettre qu'il
ne se serait jamais douté jusqu'à quel point les
affaires d'argent et d'intérêt dessèchent le cœur de
l'homme ; je crois qu'il ne serait pas moins surpris
de voir à quel point la passion étouffe dans une
femme les sentiments naturels, et l'entraîne à commettre des injustices. Et moi je dis que non seulement vous devez faire connaître à Jeanne l'existence

de son père, mais que vous devez ne lui parler de
lui que comme d'un homme honorable, digne de
tout son amour et de tout son respect, et que, dès
qu'elle sera en âge de comprendre un tel récit, vous
devez lui raconter les malheurs de sa famille, la
cruelle nécessité où son père s'est trouvé réduit
d'aller sur une terre étrangère chercher les moyens
de réhabiliter son honneur de gentilhomme un
instant compromis, et que si dans des pays loin-
tains il a contracté de nouveaux liens de famille,
c'est parce qu'il croyait les premiers rompus entièrement, quoiqu'ils ne le fussent qu'en partie.

— Et maintenant, s'il est redevenu riche, qu'il
apprenne que sa fille existe, et qu'il veuille la revoir,
ne sera-t-il pas bien agréable pour nous d'avoir
donné tous nos soins à cette enfant, comme si
c'était la nôtre, pour nous la voir enlever juste au
moment où nous aurions terminé son éducation,
et quand nous pensions trouver en elle un appui
et une consolation pour nos vieux jours?

— Ma sœur, Dieu a dit dans ses commande-
ments : « Tu honoreras ton père et ta mère; » et
ailleurs : « Tu ne mentiras point. » Eh bien, ce
serait commettre un mensonge que de cacher à cette
enfant l'existence de son père; et ce serait enfreindre
le quatrième commandement, si, après la lui avoir
révélée, vous cherchiez à la détourner de l'affection, du respect et de l'obéissance qu'elle doit à son
père. Voilà ce que commande la loi, et ce à quoi
vous devez vous soumettre, quelles qu'en soient
les conséquences. Après cela, je suis convaincu
que M. de Bellemare, apprenant ce qui s'est passé

et la manière dont vous avez recueilli son enfant, sera pénétré de reconnaissance pour vous, et qu'il s'empressera de vous envoyer le consentement dont parle mon confrère de Verneuil, qui est nécessaire pour valider l'adoption que vous vous proposez de faire de son enfant.

— Je suis de votre avis, mon cher curé, ajouta M. de Savigny; d'autant plus que M. de Bellemare, ayant maintenant une nouvelle famille et peut-être d'autres enfants, tiendra moins à avoir auprès de lui l'enfant de son premier mariage. Mais voici une autre difficulté : comment lui faire parvenir notre lettre? Nous ne connaissons pas son adresse à Calcutta, et Calcutta est une ville presque aussi grande que Paris. Je pensais bien d'abord à l'envoyer par l'intermédiaire de la maison Walston and Cº de Londres; mais quand je pense aux propos tenus par l'agent de cette maison, je crains qu'ils n'aient pas intérêt à ce que M. de Bellemare connaisse l'existence de son enfant, et, dans ce cas, ils pourraient fort bien ne pas lui remettre la lettre qui lui apporterait cette nouvelle.

— Je n'ose pas, répondit le curé, les soupçonner d'une pareille indélicatesse; dans tous les cas, pour vous ôter toute inquiétude, adressez votre lettre au consul de France à Calcutta, en la lui recommandant expressément. Il est certain qu'il connaît la maison Walston de cette ville, il est certain encore qu'il trouvera facilement le moyen de faire parvenir votre lettre à M. de Bellemare, qu'il soit ou non l'associé de cette maison; car il n'est pas possible qu'un Français résidant depuis plusieurs années dans une ville aussi éloignée n'ait pas eu quelque relation avec le consul de sa nation. »

Cet avis fut adopté; en conséquence, M. de Savigny écrivit une lettre fort détaillée à M. de Bellemare, et l'adressa, sous une enveloppe particulière, au consul de France à Calcutta. On dit à Jeanne que son bon papa Savigny écrivait une lettre à son petit papa Bellemare.

« O mon Dieu! dit-elle, je voudrais bien lui écrire aussi. — Comme tu voudras, mon enfant, » répondit M. de Savigny; et elle écrivit moitié en anglais, moitié en français, une charmante petite lettre d'une vingtaine de lignes, émaillée de deux pâtés et de cinq ou six fautes d'orthographe dans les deux langues, et qu'on se garda bien de corriger (elle avait alors neuf ans à peine). La lettre de Jeanne fut mise dans le paquet, et le tout fut adressé au consul de France à Calcutta.

Bien des années devaient se passer avant qu'on reçût la réponse à ces dépêches.

A l'âge de quinze ans, Jeanne était devenue dans toute l'acception de ce mot, dont on abuse si souvent, une jeune personne accomplie. Dans tout l'éclat de la fraîcheur et de la jeunesse, sa beauté était encore relevée par son incomparable modestie, et par ce parfum de pudeur et d'innocence qui est le caractère de la vierge chrétienne. Elle avait si bien profité des leçons de M. de Savigny, qu'elle était plus instruite à cet âge, je ne dirai pas seulement que les jeunes personnes qui passent pour avoir terminé d'une manière brillante leur éduca-

tion dans des pensionnats, mais encore que la plupart des jeunes gens qui sortent des collèges avec
des couronnes et des premiers prix. Ajoutons que
cette instruction solide et variée n'était accompagnée
chez elle ni de fausse modestie ni de pédantisme.

M. Henri Labriche.

Elle semblait avoir pris de ses parents adoptifs
toutes les qualités, sans en contracter les défauts.
Ainsi elle avait de sa mère adoptive la piété fervente, mais plus éclairée; la dignité dans le main-
tien propre à inspirer le respect, mais sans cette
hauteur et cette morgue qui rendaient si souvent
Mme de Savigny insupportable; enfin elle avait de
son bon papa Savigny la rectitude du jugement, la
sûreté de goût, la droiture et la bonté inaltérable

de cœur, mais sans la faiblesse de caractère qu'on eût pu lui reprocher.

Jeanne avait pour ses parents adoptifs une tendresse vraiment filiale ; cependant elle avait une affection plus prononcée pour son bon papa ; elle aimait bien aussi sa mère, mais elle éprouvait devant elle une sorte de crainte qui paralysait les élans de son cœur. Après eux, celui qui tenait la première place dans son affection, c'était M. le curé, qu'elle avait continué d'appeler son oncle, et qui avait été pour elle un directeur éclairé, un père spirituel plein de tendresse, qui, tout en se montrant indulgent, n'en avait pas moins fait sévèrement la guerre à ses défauts dès qu'ils paraissaient et lui avait appris, avec le secours de la religion, à s'en corriger.

En dehors des personnes dont nous venons de parler, Jeanne n'avait contracté d'affection particulière pour personne, si ce n'est pour son ancienne compagne Caroline Labriche : encore ne peut-on donner le nom d'amitié à l'espèce d'attachement que lui inspirait cette jeune personne. En effet, pour que l'amitié s'établisse, il faut qu'il y ait au moins quelque sympathie entre les personnes ; il faut qu'il puisse se faire entre elles des échanges de pensées, d'idées, de sentiments ; mais c'est ce qui ne pouvait exister entre Caroline et Jeanne. A mesure que la première avançait en âge, elle semblait croître en bêtise et en stupidité, tandis que la seconde devenait plus intelligente et plus instruite. Comment aurait-il pu y avoir échange d'idées et de pensées entre elles ? l'une n'en avait pas, tandis que l'autre en surabondait ; et si Jeanne essayait de les communiquer à sa compagne, celle-ci l'écoutait sans la comprendre. Il ne fut pas difficile à Jeanne, comme on le pense bien, de s'apercevoir de la nullité de celle qu'on lui avait donnée pour amie. Loin de la rebuter et de la mépriser, comme l'auraient fait beaucoup d'autres à sa place, Jeanne en eut pitié, et son bon cœur lui suggéra l'idée de tâcher, s'il était possible, de tirer quelque parti de ce sol ingrat en essayant elle-même de le cultiver d'une manière convenable à sa nature.

Nous avons vu que M. et Mme de Savigny avaient renoncé à donner des leçons à Caroline. Jeanne demanda à sa mère la permission de l'entreprendre ; ce qui lui fut facilement accordé. Alors, imitant ce que son bon papa avait fait pour elle, elle essaya de se mettre à la portée de l'intelligence de son élève ; mais ce qui avait été pour M. de Savigny une sorte d'expérience, que l'intelligence du sujet avait rendue agréable et facile, devint pour Jeanne une tâche pénible et parfois rebutante. Cependant elle ne se découragea pas ; à force de soins, d'efforts et de persévérance, elle parvint enfin à faire pénétrer quelque lumière dans les ténèbres de cet entendement obscurci dès sa naissance. Encore tant de peine n'aboutit qu'à un faible résultat ; c'est-à-dire que Caroline, après trois ans d'étude, parvint à pouvoir écrire sous la dictée une page à peu près sans fautes trop grossières d'orthographe, et à faire une addition, une soustraction et une multiplication pas trop compliquées. Quant à la division, elle n'avait jamais pu la comprendre.

Cette supériorité intellectuelle avait donné à Jeanne

un ascendant marqué sur Caroline : celle-ci, qui
au moins avait un bon cœur, chérissait tendrement
et admirait encore plus sa jeune institutrice ; elle
lui était dévouée comme un chien l'est à son maître
(cette comparaison n'est pas relevée, mais nous
n'en trouvons pas d'autre qui puisse rendre aussi
bien notre idée) ; et elle lui eût obéi avec plus d'empressement qu'à son père et à sa mère. Jeanne,
touchée de ce dévouement, était loin d'en vouloir
abuser ; mais elle le payait par l'attachement qu'elle
portait à son élève, attachement qui, sans être
de l'amitié, comme nous l'avons dit, n'en était pas
moins sincère.

Mme Labriche avait beaucoup compté sur la liaison qu'elle s'était plu à former entre Jeanne et sa
fille, pour faciliter la liaison plus sérieuse qu'elle
préméditait entre son fils et Jeanne. Chaque année,
pendant les vacances, Henri allait presque tous les
jours à Beauregard avec sa sœur. Dans les premières années, il y était reçu comme autrefois,
c'est-à-dire comme un enfant ; mais, quand il devint
plus grand, Mme de Savigny fit observer à son amie
qu'il n'était pas convenable qu'un jeune homme de
l'âge d'Henri continuât à jouer avec des jeunes filles
comme quand il n'était qu'un enfant. En conséquence elle l'engagea à ne plus l'envoyer avec sa
sœur, ajoutant qu'elle le recevrait toujours avec
plaisir quand elle l'amènerait avec elle dans le
salon.

Mme Labriche parut se conformer sans difficulté
aux observations de Mme la comtesse, et Henri ne
parut plus que dans les soirées, où il pouvait s'en-

tretenir avec Mlle Jeanne, mais en présence de ses
parents et de toute la société. Les rapports entre
les deux jeunes gens restèrent les mêmes pendant
les années suivantes et jusqu'à l'époque où nous
sommes arrivés, c'est-à-dire jusqu'à ce que Jeanne
eût atteint l'âge de quinze ans.

M. Henri avait alors fini ses classes, et il allait
commencer son cours de droit à Paris. Il n'était pas,
sans doute, d'une intelligence aussi nulle que sa
sœur, mais il était loin d'être un phénix. Il s'était
traîné péniblement dans ses classes, et ce n'était
qu'à grands renforts de répétitions, de leçons par-
ticulières, de manuels, etc., qu'il était parvenu à se
faire recevoir bachelier ès lettres.

Mme Labriche avait depuis longtemps fait part à
son fils du projet qu'elle avait de le marier avec
Jeanne, et celui-ci ne demandait pas mieux que de
voir réaliser ce projet. « Maintenant, lui dit-elle,
que te voilà muni de ton diplôme, c'est à toi de
faire ressortir tous tes avantages. Mlle Jeanne est
fort instruite; elle ne voudrait jamais consentir à
épouser un ignorant, et je suis convaincu qu'un
des moyens les plus sûrs de lui plaire est de montrer que l'on possède une instruction étendue. »

Docile aux conseils de sa mère, Henri ne manqua pas, à la première réunion qui eut lieu à Beauregard, de faire un brillant étalage de son savoir.
Comme il avait encore la mémoire toute garnie de
ses études préparatoires au baccalauréat, il se mit
à débiter tout ce qu'il avait appris avec un aplomb
et une volubilité étourdissante. Il tint presque seul
le dé de la conversation. M. de Savigny, qui l'écou-

tait avec sa bienveillance habituelle, car c'était à lui qu'il paraissait s'adresser, lui fit deux ou trois fois quelques objections qui le déconcertèrent un peu ; mais bientôt il reprit son assurance, et continua pendant plusieurs heures à parler philosophie, histoire, mathématiques, rhétorique, littérature, etc., jusqu'à ce que tout le programme du baccalauréat y eût passé.

Pendant ce temps-là, Mᵐᵉ Labriche disait à Mᵐᵉ la comtesse : « Eh bien ! comment trouvez-vous notre Henri ?

— Il me paraît fort instruit ; mais, entre nous, il devrait réserver ce genre de conversation pour le moment où il se trouvera tête à tête avec mon mari, qui peut lui répondre ; car cela n'est pas amusant pour des femmes qui n'y comprennent rien.

— Croyez-vous que Mˡˡᵉ Jeanne ne le comprenne pas ?

— Jeanne, c'est possible ; mais elle ne parle jamais de ces choses-là qu'avec son bon papa. »

Si Jeanne avait compris son fils, c'était tout ce que voulait Mᵐᵉ Labriche. Elle n'eût peut-être pas été si contente de ce qu'elle se plaisait à appeler le succès d'Henri, si elle eût connu en quoi consistait ce succès.

Quand la société se fut retirée, M. et Mᵐᵉ de Savigny et Jeanne restèrent encore quelques instants à causer ensemble, selon l'habitude, en attendant l'arrivée de tous les domestiques, qui se réunissaient chaque soir avec les maîtres pour la prière commune.

« Eh bien ! chère amie, dit M. de Savigny à sa

femme, comment avez-vous trouvé ce soir maître Henri ?

— Je ne suis pas en état de juger sa science ; mais, entre nous, je l'ai trouvé un peu pédant. Du reste, c'est un défaut assez ordinaire aux jeunes gens tout frais sortis du collège, et le contact de la société l'en aura bientôt corrigé.

— Et toi, ma fille, reprit M. de Savigny, que penses-tu de la vaste érudition de M. Henri ?

— Je vous dirai, comme maman, que je ne suis pas capable de l'apprécier.

— Allons, pas de fausse modestie, ma fille ; moi qui te connais, je sais que tu peux très bien le juger, et j'en suis d'autant plus convaincu, que pendant qu'il parlait j'ai remarqué que tu l'écoutais attentivement, et à certains passages je t'ai vu réprimer un sourire qui a suffi pour m'éclairer sur ton appréciation.

— Eh bien ! alors, bon papa, dit en souriant Jeanne, si vous avez deviné ma pensée, pourquoi voulez-vous que je vous la dise ?

— Votre papa a raison, reprit d'un ton sérieux Mme de Savigny ; une jeune personne ne doit rien avoir de caché pour ses parents, surtout quand il s'agit de savoir ce qu'elle pense d'un jeune homme admis dans leur société. »

Ainsi interpellée, Jeanne ne pouvait reculer ; elle se recueillit un instant, et en rougissant elle dit : « Je vous avoue qu'il m'en coûte de vous dire ce que vous me demandez, et je mourrais de honte si d'autres que vous, mon bon papa, et vous, ma chère maman, pouvaient m'entendre.

— Allons, mon enfant, reprit pour l'encourager et de son ton le plus bienveillant M. de Savigny, est-ce que tout ce qui se dit entre nous n'est pas enseveli dans le secret le plus profond ?

— Eh bien ! je pense que M. Henri est savant..., savant comme un perroquet. »

M. et Mme de Savigny se regardèrent en riant : celle-ci s'était peut-être attendue à une autre réponse ; mais son mari, enchanté, s'écria en riant plus fort : « Ma foi, je te fais mon compliment. J'aurais porté le même jugement ; mais je ne l'aurais pas rendu d'une manière aussi juste et aussi laconique. »

VI

Le prétendant.

Quelques jours après la soirée dont nous venons de parler, deux nouveaux personnages firent leur apparition à Beauregard. C'étaient MM. Porcher père et fils, le premier ancien avoué à la cour royale de Paris, et le second avocat stagiaire du barreau de la même ville. M. Porcher le père était cousin issu de germain de M. de Savigny; leurs deux grands-pères paternels étaient frères; seulement l'aïeul de l'ex-avoué n'avait pas acheté, comme son frère, de *savonnette à vilain;* et le nom de Porcher était passé, sans addition ni substitution d'un autre nom, à ses descendants.

A l'époque du mariage de M. de Savigny, le cousin Porcher avait en vain cherché à empêcher cette union, car il se trouvait par les droits du sang le plus proche parent et le seul héritier du vicomte, et ce mariage faisait à peu près évanouir ses espérances sur cette succession; mais l'influence de Mme d'Azincourt l'avait emporté sur la sienne. Il avait cependant

7*

été invité au mariage, et y avait assisté; il avait même
été présent au contrat, et c'est lui qui avait déterminé
Mme d'Azincourt à faire insérer la clause d'un douaire
très minime en faveur de la nouvelle épouse. Cette
circonstance n'avait pas été ignorée de Mme de Savigny, et elle entra peut-être pour beaucoup dans la
froideur des réceptions qu'elle lui fit lors des rares
visites qu'il rendit à son cousin après son mariage.
Bientôt le tourbillon du monde qui emporta M. et
Mme de Savigny les sépara tout à fait de leur cousin,
et les relations entre eux avaient cessé depuis cette
époque jusqu'au moment où nous voyons M. Porcher
se présenter à Beauregard en compagnie de son fils.

Grand fut l'étonnement de Mme de Savigny quand
on lui annonça cette visite. « Madame, lui dit l'ex-
avoué après les premiers compliments, ma visite
doit vous surprendre, j'en conviens, alors que nous
avons cessé de nous voir depuis si longtemps; mais je
pense, en vous en faisant connaître les motifs, mettre
fin à votre surprise. J'ai fait depuis quelque temps
l'acquisition d'une assez belle propriété située à huit
ou douze kilomètres seulement d'ici, et j'y viens
passer une partie de l'année. Nous sommes donc
voisins de campagne; ce rapprochement m'a donné
l'idée d'en espérer un autre. Je commence à me faire
vieux, mon cousin Savigny n'est plus jeune, et, ma
foi, j'ai désiré lui serrer la main au moins encore
une fois avant de mourir, et en même temps lui
présenter, ainsi qu'à vous, Madame, mon fils,
aujourd'hui avocat stagiaire, et qui était encore en
nourrice, je crois, à l'époque de votre mariage
avec mon cousin. »

Mme de Savigny ne pouvait que répondre convenablement à des avances en apparence cordiales. Bientôt son mari arriva et parut enchanté de revoir son
cousin ; il fit également un accueil des plus gracieux
à son fils, qui était du reste un jeune homme de
fort bonne mine et dont le ton et les manières
annonçaient la meilleure éducation.

Mme de Savigny ne crut pouvoir se dispenser d'in-
viter à dîner ses deux visiteurs, et même de leur
offrir l'hospitalité pour la nuit. Mais M. Porcher
n'accepta que le dîner, tout en la remerciant avec
reconnaissance du surplus de l'invitation : il ne voulait pas, dit-il, pour la première fois qu'il renouvelait connaissance avec eux, leur causer le moindre
embarras ; d'ailleurs, il avait sa voiture, qui en une
heure au plus le transporterait à son habitation ;
puis il avait pour le lendemain de très bonne heure
un rendez-vous avec un de ses fermiers, et il serait
forcé d'y manquer s'il restait à Beauregard.

Un instant avant le dîner, Jeanne parut dans le
salon : les présentations réciproques furent faites
par Mme de Savigny. Tout se passa avec une parfaite
courtoisie de la part des nouveaux venus. Pendant
le dîner, l'ex-avoué parla sur différents sujets avec
un certain entrain et cette gaieté toujours parfaitement convenable qui caractérise l'homme d'esprit
et l'homme du monde ; son fils, montrant plus de
réserve, causa de temps en temps à demi-voix avec
M. de Savigny, son voisin, mais il n'adressa la parole
ni à Mme de Savigny ni à Jeanne.

Après le dîner on prit le café dans le salon. La
conversation devint plus générale, et le vieil avoué,

usant du privilège de son âge, se mit à causer sur
un ton un peu familier avec Jeanne, en présence
de sa mère. Encouragée en quelque sorte par cette
présence, Jeanne répondit sans embarras, sans gaucherie, quoique avec une sorte de timidité, aux questions que lui adressa le vieillard. Il parut enchanté
de ses réponses, et quand il prit congé de ses hôtes,
il dit tout bas à Mme de Savigny : « Je vous fais mon
compliment, Madame, de la manière dont vous avez
élevé cette jeune personne ; j'en avais déjà entendu
parler avec éloge, mais je reconnais qu'on m'avait
trompé, car ce qu'on m'en avait dit est bien au-
dessous de la vérité. »

Mme de Savigny fut flattée du compliment ; elle
était fière de Jeanne, et surtout de l'opinion qu'on
avait que c'était elle seule qui avait dirigé son éducation. Cette visite la réconcilia pour un peu de
temps avec son cousin Porcher.

Cependant l'arrivée de l'ex-avoué et de son fils
avait fait une grande sensation dans la domesticité
de Beauregard. On crut que ce n'était autre chose
que la visite d'un prétendant à la main de Mlle Jeanne,
et comme on commençait à se douter des intentions
de Mme Labriche, qui n'était guère aimée des domestiques, on se félicita de voir enfin un concurrent
plus convenable à la main de la jeune demoiselle
que ce grand niais d'Henri, le digne fils d'une personne telle que Mme la mairesse.

Ce bruit ne tarda pas à se répandre dans le village
et à venir troubler le repos de Mme Labriche. Ah ! mon
Dieu, se dit-elle, serait-il possible ! et dix ans de
soins et de tourments seraient-ils ainsi perdus en un

moment! il faut que je m'en éclaircisse à l'instant.

Elle part aussitôt et arrive tout émue à Beauregard.

« Eh ! mon Dieu, qu'avez-vous donc, chère amie ? lui dit en la voyant Mᵐᵉ de Savigny : vous est-il arrivé quelque malheur ? Comme vous voilà bouleversée !

— On le serait à moins, madame la comtesse, quand on voit s'évanouir tout ce qui faisait l'espérance et le charme de sa vie.

— Mais enfin, que vous est-il arrivé ? Vraiment vous m'inquiétez.

— Ah ! Madame, je n'ai jamais osé vous le confier, mais vous avez dû me comprendre depuis longtemps. Il y a bien des années, et je puis dire dès leur enfance, j'avais rêvé qu'un jour nous pourrions unir nos deux enfants, mon fils et votre charmante petite Jeanne ; sans vous avoir formellement exprimé mes vœux à cet égard, j'y ai fait souvent allusion, et, loin de repousser mes prétentions, vous avez paru maintes fois les encourager. Vous-même vous avez reconnu qu'il y avait entre eux convenance d'âge et de fortune ; je n'attendais plus que la majorité de mon fils pour vous faire une demande en règle, et voilà que j'apprends qu'hier un cousin de monsieur votre mari est venu solliciter pour son fils la main de votre fille, qu'il a dîné chez vous avec le jeune homme, et que leur demande, à ce qu'on dit, a été favorablement accueillie. Ah ! Madame, s'il en est ainsi, je sens que je mourrai de chagrin ! » En disant ces mots elle couvrit sa figure de son mouchoir comme pour essuyer ses larmes et étouffer ses sanglots.

« Calmez-vous, chère amie, lui répondit en sou-

riant Mᵐᵉ de Savigny. Qui donc a pu vous faire
de pareils contes? En vérité, si vous n'étiez pas si
émue, une pareille histoire me prêterait à rire.

— Quoi! il n'est donc pas vrai que ce M. Porcher
est venu vous demander la main de Jeanne pour
son fils? s'écria Mᵐᵉ Labriche d'un air tout joyeux.

— Mais, je vous le demande encore, qui a pu
vous mettre en tête de pareilles billevesées? M. Porcher, parent fort éloigné de mon mari, qu'il n'avait
pas vu depuis vingt ans, se trouvant dans le voisinage de Savigny, est venu tout simplement renouveler connaissance avec son cousin et lui présenter
son fils, ce qui est la chose du monde la plus simple
et la plus naturelle; mais il n'a pas été dit un mot,
un seul mot, ni directement ni indirectement, qui
eût trait à un projet de mariage entre Jeanne et le
jeune Porcher.

— Ah! je respire, dit Mᵐᵉ Labriche en poussant
un profond soupir de bien-être; vous soulagez mon
âme d'un poids énorme. Vous savez, madame la
comtesse, combien je vous suis dévouée, à vous et
à tout ce qui vous appartient; ce n'est pas d'aujour-
d'hui que je vous ai donné des preuves de mon
profond attachement, vous m'avez plus d'une fois
témoigné vous-même que vous n'étiez pas insen-
sible à tant d'amitié et de dévouement de ma part :
eh bien! s'il en est ainsi, si vous payez de quelque
retour la tendre affection que je vous porte, ne brisez
pas le cœur d'une mère en lui refusant la grâce
qu'elle vous demande à genoux. » Et, en achevant
ces mots, elle se précipita en pleurant aux pieds
de la comtesse,

« Relevez-vous, ma chère, lui dit celle-ci, et remettez-vous, je vous en prie; s'il est en mon pouvoir de vous accorder ce que vous désirez, vous pouvez être sûre d'avance que votre demande est obtenue. »

Mme Labriche se releva, et répondit aussitôt avec l'accent de la supplication : « Eh bien! madame la comtesse, je vous demande la main de votre fille Mlle Jeanne pour mon fils Henri.

— Votre demande est grave, chère amie, répondit la comtesse après quelques instants de réflexion·; cependant, si cela ne dépendait que de moi, elle ne serait pas refusée. Mais d'abord Jeanne est encore trop jeune pour que nous songions à la marier, et ce n'est pas avant trois ans d'ici que nous pouvons y penser. Ensuite, vous auriez mon consentement, qu'il faut encore le sien et celui de mon mari; enfin notre consentement, je veux dire celui de mon mari et le mien, ne suffit pas, et même n'est pas absolument nécessaire; c'est celui de son père légitime qui est indispensable. Or depuis son départ de France nous n'avons point de nouvelles de lui. Mon mari et sa fille lui ont écrit il y a six ans; depuis ce temps-là, chaque année, Jeanne a voulu encore lui écrire, dans l'espoir qu'une de ses lettres lui parviendrait; et nous n'avons reçu aucune réponse. Il est probable qu'il est mort, ce que je me garde bien de dire à Jeanne; mais dans ce cas il faudrait la preuve authentique de son décès. »

De pareilles objections auraient pu arrêter une autre que Mme Labriche; mais c'était une femme opiniâtre, et que les plus grands obstacles n'effrayaient pas; nous allons voir qu'elle avait réponse à tout.

« Madame la comtesse, dit-elle, en vous demandant la main de Jeanne, ce n'était pas à dire que
nous désirions que le mariage se fît immédiatement.
Sans doute Jeanne est trop jeune, comme vous le
dites, et mon fils l'est également ; ce que je désire
seulement aujourd'hui, c'est d'avoir votre parole
que vous, Madame, vous consentirez à cette union,
et que vous ferez ce qui dépendra de vous pour
qu'elle réussisse. Certainement je sais qu'il faut le
consentement de Mlle Jeanne et de M. le comte ;
mais je sais aussi qu'ils donneront ce consentement
sans difficulté si vous en témoignez le désir.

« Quant au consentement de M. de Bellemare, s'il
est vivant, ou à la constatation de son décès, s'il est
mort, mon mari se chargera d'écrire ou même de
faire toutes les démarches nécessaires auprès du
ministre de la marine et des affaires étrangères, et
je vous garantis que dans un an au plus tard nous
aurons reçu à cet égard des réponses positives. Ainsi,
comme vous ne comptez pas, ni moi non plus, que ce
mariage puisse se faire avant trois ans, vous voyez que
nous aurons devant nous tout le temps nécessaire. »

Mme de Savigny était toujours agréablement flattée
quand elle s'entendait dire qu'elle était la maîtresse
absolue de la volonté de son mari et de sa fille adoptive ; mais elle l'était encore davantage en ce moment
en entendant exprimer l'opinion que d'elle seule
dépendait le mariage de Jeanne ; aussi répondit-elle
de son ton le plus gracieux : « Allons, chère amie,
je vois que rien ne vous embarrasse, et que, si les
démarches de votre mari auprès des ministres réussissent, les autres difficultés pourraient également

s'aplanir ; cependant permettez-moi de vous faire
observer que si, comme vous me l'avez dit et comme
je le pense, je suis certaine de déterminer le consentement de mon mari, je ne suis peut-être pas
sûre de celui de Jeanne, surtout dans l'avenir. Sans
doute aujourd'hui j'ai un empire absolu sur sa volonté, mais qui peut répondre trois ans à l'avance
des dispositions d'une jeune fille ?

— Cela est vrai, Madame ; mais alors qui nous
empêcherait d'avancer le mariage, et de le fixer
immédiatement après l'arrivée des papiers de l'Inde ?
Cela demande à peu près un an ; Jeanne en aurait
seize, et mon fils vingt et un ; il n'y aurait rien
d'extraordinaire à un pareil mariage. Quant à avoir
des craintes sur les dispositions de Jeanne à l'égard
de mon fils, je ne sais pas si mon amour maternel
m'aveugle, mais je n'en ai aucune. Elle connaît
Henri dès sa plus tendre enfance, et elle lui a toujours témoigné de l'amitié ; elle aime ma fille comme
elle aimerait sa propre sœur, et Caroline, de son
côté, se jetterait au feu pour Jeanne ; enfin Henri
n'a d'yeux que pour elle. Vous le voyez, Madame,
ces trois enfants semblent destinés à ne former
qu'une famille, dont vous et moi nous serons les
heureuses mères. Enfin une considération bien
importante doit aussi entrer dans la balance. Les
héritages de mon fils touchent presque de toutes
part les domaines de M. de Savigny ; par ce mariage,
toutes ces propriétés se trouveront en quelque sorte
réunies en une seule dans la main de nos enfants.
Si Mlle Jeanne épouse un étranger, il l'emmènera
probablement loin d'ici, loin de ce beau domaine de

Beauregard, où elle a passé les heureux jours de son
enfance et de sa jeunesse ; peut-être même seriez-
vous obligés de la quitter ; tandis que si votre Jeanne
épouse mon Henri, toutes les choses resteront dans
le même état ; vous conserverez l'une et l'autre vos
habitudes ; il n'y aura rien de changé, sinon un
membre de plus dans votre famille, et un accrois-
sement de fortune et de bien-être. »

Mme Labriche continua encore longtemps sur ce
ton, et, mêlant adroitement les flatteries à la plus
brillante perspective pour l'avenir de Mme la comtesse
et de sa fille adoptive, elle finit par obtenir sa parole
d'honneur qu'elle favoriserait de tout son pouvoir le
mariage de son fils avec Jeanne, et qu'elle repousse-
rait tout autre prétendant qui viendrait se présenter.

Quand Mme Labriche sortit de Beauregard, elle
était rayonnante. Julie, qui l'aperçut, courut dire
à Manette : « Tout est perdu ! je parie qu'elle a
encore réussi à tourner la tête de madame : que je
plains cette pauvre demoiselle Jeanne ! »

Mme de Savigny n'eut pas longtemps à attendre
l'occasion de tenir la parole qu'elle avait donnée à son
amie. Peu de jours après l'apparition de MM. Porcher à Beauregard, M. de Savigny alla leur rendre
leur visite. Il trouva l'ex-avoué seul, et, après les
premiers compliments, celui-ci aborda franchement
une question à laquelle le vieux gent   me était
loin de s'attendre. « Savez-vous, lui dit-il, mon cousin, le véritable motif de ma visite de l'autre jour ?

— Quoi ! est-ce que ce n'était pas pour renouveler
connaissance, comme vous l'avez dit ?

— Certainement, c'était pour cela, et pour autre

chose encore; mais je ne veux pas vous faire languir
plus longtemps; quoique ancien avoué, j'aime à aller
rondement en affaires. Or le véritable objet de ma
visite était de vous demander pour mon fils la main
de votre fille adoptive.

— De Jeanne! s'écria le bonhomme tout stupéfait; mais y songez-vous, cousin? ce n'est qu'une
enfant.

— Oui, mais une enfant de quinze ans, qui dans
trois ans en aura dix-huit; et c'est à cet âge seulement que je pense qu'il conviendrait de la marier,
comme mon fils, qui a en ce moment vingt-deux
ans, et qui alors en aura vingt-cinq. Après cela, si
vous voulez les marier plus tôt, cela pourra se faire
également; tout ce que je désire pour le moment,
c'est d'obtenir pour mon fils la permission de fré-
quenter votre maison, de se faire connaître de sa
future, afin de mériter son estime et d'obtenir ainsi,
sous votre approbation, bien entendu, et celle de
votre femme, son consentement à leur union, car
il ne voudrait à aucun prix que ce consentement
fût influencé ou imposé par l'autorité de ceux de
qui elle dépend. Ce sont là pour moi des idées de
jeune homme, des idées romanesques qui n'ont
pas grande valeur à mes yeux; mais j'ai à vous faire
valoir en faveur du mariage des idées plus sérieuses
et des motifs plus puissants, que votre sagacité, mon
cousin, appréciera comme ils méritent de l'être.

« Quand vous vous êtes marié, j'ai été, j'en
conviens, passablement contrarié, surtout quand
Mme d'Azincourt, notre tante, vous a fait son seul
héritier, quoique j'eusse autant de droits que vous

à sa succession. A la mort de cette tante, j'aurais
pu élever des contestations sur la valeur du testament, car, à mon avis, il renferme des nullités;
mais je ne l'ai pas fait, et je vais vous en dire franchement la raison. Vous n'aviez pas d'enfant, et, à
l'âge où vous étiez, il était peu probable qu'il vous
en surviendrait. Alors à quoi bon vous chercher une
chicane qui n'aurait fait que vous irriter contre moi
et peut-être vous déterminer à faire un testament
dans lequel vous m'auriez entièrement déshérité (car
n'oubliez pas, mon cousin, que je suis, et à mon
défaut mon fils est votre plus proche héritier)? Quand
j'ai su que vous aviez formé le projet d'adopter une
petite fille, enfant d'un de vos amis, j'ai pensé
aussitôt que cette enfant pourrait être un moyen
de réconciliation entre nous, et en même temps
de réparation de ce que j'appelle une véritable
injustice. En effet, si vous donnez votre pupille
à mon fils, il en résultera que vos biens patrimo-
niaux ne sortiront pas de la famille, et que la
portion de la succession de la tante d'Azincourt
qui me revenait y rentrera également; alors seraient
éteintes les contestations que je pourrais encore
élever à ce sujet. Enfin, si mon fils, en se mariant
avec votre fille adoptive, trouve une riche dot, de
son côté, sa fortune est au moins égale à celle que
lui apporterait sa femme, car je n'ai pas d'autre
enfant que lui; il est mon seul héritier, et, sans
connaître au juste le chiffre de votre fortune, je
crois que celui de la mienne, tant en biens-fonds
qu'en portefeuille, ne lui est pas inférieur. Maintenant, Gustave a devant lui une belle carrière; il

pourra, quand il le voudra, entrer dans la magistrature, ou, s'il préfère suivre le barreau, mon successeur et mes anciens confrères lui fourniront des causes autant qu'il pourra en plaider. Vous voyez donc, mon cousin, que nous ne sommes pas un parti tout à fait à dédaigner, et que les liens du sang qui nous unissent, le désir de réparer ce que je regarde comme une injustice, toutes les convenances d'âge, de fortune, de position sociale doivent concourir à vous faire conclure ce mariage. Je vous dirais bien encore, si je parlais à une femmelette, et non à un homme de sens et de raison, qui n'envisage que le côté positif des choses, je vous dirais donc que Gustave est fou de votre pupille pour ne l'avoir vue qu'un instant l'autre jour, et que, si je l'avais cru, je serais retourné dès le lendemain vous en faire la demande. »

M. de Savigny se trouva fort embarrassé d'une pareille ouverture. Il convenait bien que le parti lui paraissait fort avantageux pour Jeanne; mais il ne pouvait prendre d'engagements sans...

« Sans avoir prévenu votre femme, interrompit l'ex-avoué, c'est bien comme cela que je l'entends. Prévenez-la, dites-lui tout ce que je vous ai dit; c'est une femme un peu entière, c'est vrai; mais au fond elle est raisonnable, et je suis convaincu qu'elle se rendra à l'évidence. Demain j'irai savoir sa réponse, et je suis persuadé d'avance qu'elle sera favorable. »

Cette fois, M. Porcher avait mal calculé; Mme de Savigny parut vivement contrariée quand son mari lui rendit compte de sa visite chez son cousin; elle

se fâcha contre lui quand il entreprit de lui démontrer les avantages de ce mariage, et elle s'écria avec
colère que cela ne se ferait pas, qu'elle avait donné
sa parole pour un autre, et qu'elle la tiendrait.

Son mari céda comme d'habitude, en disant :
« Chère amie, n'en parlons plus ; prenez que je n'ai
rien dit. »

Le lendemain, le cousin Porcher arriva gaiement
pour avoir une réponse à sa proposition. Madame
le reçut seule dans son salon. Ils restèrent en con-
férence à peu près une heure. Nous ignorons les
détails de leur conversation ; mais quand M. Porcher
sortit, il était rouge de colère. « C'est votre dernier
mot, Madame, dit-il en se retournant, et vous voulez
que nous nous quittions en ennemis ?

— Comme il vous plaira, Monsieur.

— Dans peu, Madame, vous recevrez de mes
nouvelles.

— Sur papier timbré, sans doute ? c'est comme
ça que vous autres procureurs vous envoyez vos
cartels. Adieu, Monsieur. » Et elle rentra dans son
salon en fermant vivement la porte derrière elle.

VII

Testament et mort de M. de Savigny. — Un cas de nullité dans le testament. — Refroidissement de Mme Labriche. — Entretien de Mme de Savigny et de sa fille.

M. de Savigny ressentit le contre-coup de la violence de la scène qui venait de se passer entre sa femme et son cousin. Tout le reste de la journée Mme de Savigny ne fit qu'accabler son mari de reproches amers, au point que le pauvre homme en fut tout ahuri, puis bientôt tomba malade et se mit au lit. On crut d'abord à une indisposition passagère; mais cette machine si frêle, qui ne se soutenait qu'à force de soins, avait été si fort ébranlée, qu'il paraissait difficile qu'elle reprît son équilibre.

Mme de Savigny était désolée; elle se repentait avec amertume de ses emportements, et maintenant qu'elle y réfléchissait, elle reconnaissait qu'elle s'était conduite indignement; mais elle se serait bien gardée d'en convenir : c'était déjà beaucoup que de se l'avouer à elle-même.

Mme Labriche accourut aussitôt qu'elle apprit

l'indisposition de M. de Savigny et la visite faite par M. Porcher. Mme de Savigny lui raconta de quelle manière elle avait tenu la promesse qu'elle lui avait faite, malgré les menaces dont elle avait été l'objet de la part de cet ancien procureur; elle ne lui cacha pas non plus qu'elle craignait que cette scène ne fût en partie cause de la maladie de son mari.

Mme Labriche remercia sa noble amie dans les termes les plus chaleureux; puis, quand elle eut épuisé tout le répertoire de ses actions de grâces, elle amena la conversation sur un autre sujet, et demanda si monsieur avait fait le testament d'adoption qu'il projetait.

« Pas encore, répondit la comtesse, il attendait toujours d'avoir des nouvelles de M. de Bellemare, dont le consentement est nécessaire pour valider l'acte qui lui a conféré la tutelle officieuse, et par conséquent faire une adoption testamentaire.

— Mais, madame la comtesse, cette position est on ne peut plus précaire et doit vous faire trembler, surtout en présence des menaces de l'avoué Porcher. Vous devriez le plus tôt possible vous mettre en règle; car bien que monsieur ne soit pas en danger, on ne sait ni qui vit ni qui meurt, et à son âge, avec sa faible santé, on ne peut compter sur rien. S'il craint qu'une adoption faite par testament ne soit pas valable parce que le père de l'enfant n'a pas consenti à la tutelle, il peut toujours par testament instituer Jeanne pour son héritière universelle, et vous donner à vous, Madame, qui l'avez bien mérité, l'usufruit d'une partie de ses biens.

— Oh! je ne demande rien pour moi : mon

douaire me suffira, et au besoin ma fille ne me laisserait jamais manquer de rien. Je crois effectivement que vous avez raison, et je vais envoyer chercher le notaire.

. — Et pourquoi le notaire? Il faudrait avec lui au moins quatre témoins: c'est-à-dire que vous mettriez tout le village dans la confidence de vos affaires. M. de Savigny n'est pas si malade qu'il ne puisse écrire de sa main un testament olographe, qui est, m'a-t-on dit, le plus solide de tous les testaments, et dont personne n'aura connaissance que lui et la personne à qui il le remettra pour l'exécuter, c'est-à-dire vous.

— C'est fort bien, et je conviens que je préférerais de sa part un testament olographe à tout autre; mais, quoique M. de Savigny soit un homme des plus savants en une foule de choses, il ne connaît absolument rien en affaires ; je ne le crois pas capable de faire par lui-même un pareil acte, à moins qu'il n'ait un modèle sous les yeux.

— Qu'à cela ne tienne ; mon mari, qui a été longtemps clerc de notaire à Orléans, va vous faire un modèle parfaitement en règle, et monsieur n'aura qu'à le copier. Je vais aller vous le chercher tout de suite ; car, en pareil cas, moins on perd de temps, mieux cela vaut. »

Elle sortit à l'instant, et une demi-heure après elle rapporta un modèle de testament olographe, que Mᵐᵉ de Savigny présenta à son mari. Celui-ci le lut, et ne fit aucune difficulté pour le copier ; seulement la faiblesse de sa main, et un tremblement nerveux qu'il éprouvait, le forcèrent à s'y reprendre plusieurs

8

fois. Quant il l'eut terminé, il le remit à sa femme, qui le serra avec les titres et papiers importants dont elle avait la garde.

Cependant, grâce aux soins dont il fut l'objet, surtout de la part de sa chère Jeanne, qui, si on l'eût laissée faire, ne l'aurait quitté ni jour ni nuit, il parut se rétablir un peu. Vers la fin d'octobre il y eut quelques beaux jours, pendant lesquels le vieillard sembla se ranimer; il fit plusieurs promenades dans le jardin, suspendu, pour ainsi dire, au bras de Jeanne, et lui souriant avec une tendresse toute paternelle.

Le mauvais temps qui se déclara au commencement de novembre le força de cesser ses promenades favorites; bientôt après ses jambes enflèrent; il resta environ deux mois languissant, conservant toujours toute sa connaissance, au point de répondre avec une parfaite intelligence, quand on lui administra les derniers sacrements, et quand on dit la prière des agonisants. Enfin il s'éteignit comme une lampe qui manque d'aliments dans les premiers jours de janvier 1846.

M. de Savigny fut pleuré de toute la commune, et des pauvres surtout, comme s'ils avaient perdu un père. Nous n'essayerons pas de peindre la douleur de Jeanne; c'était le premier chagrin profond qu'elle éprouvait de sa vie; car elle était trop jeune, quand elle avait perdu sa mère, pour sentir son malheur; mais cette fois son cœur fut si vivement affecté, son âme tellement troublée, que l'on craignit pour sa santé, et il fallut la voix si puissante de son oncle le curé, parlant au nom de la religion, pour la ramener à elle-même.

Mᵐᵉ de Savigny fut aussi vivement touchée ; mais elle savait mieux résister à la douleur.

A peine les funérailles étaient-elles terminées, que Mᵐᵉ Labriche vint rappeler à Mᵐᵉ de Savigny le testament dont elle était l'exécutrice, et qu'il fallait publier le plus tôt possible, afin de se faire envoyer en possession des biens. Elle lui offrit de l'accompagner à Orléans, et de la faire conduire chez les hommes de loi qu'il faudrait employer pour remplir ces formalités indispensables.

On voit que Mᵐᵉ Labriche s'entendait aux affaires ; ce n'était pas étonnant : pendant que son mari était clerc de notaire, elle passait toute la journée à faire des expéditions d'actes, de sorte qu'elle en avait appris presque toutes les formules, et même, ce qu'elle n'avait pas dit encore à Mᵐᵉ de Savigny, c'était elle qui, n'ayant pas trouvé son mari à la maison, avait fait le modèle du testament olographe qu'on allait publier ; et c'est pour cela qu'elle tenait tant à assister à cette publication, se réservant alors d'annoncer à sa noble amie qu'elle l'avait elle-même rédigé.

Mais quel fut le désappointement de l'une et de l'autre en arrivant à Orléans ! Le premier homme de loi chez qui Mᵐᵉ Labriche conduisit la comtesse, après avoir jeté un coup d'œil sur le testament, s'écria : « Quel malheur, Madame, qu'il manque à cette pièce une des trois formalités essentielles qui sont indispensables pour rendre valables ces sortes d'actes ! La loi n'exige que trois choses : qu'il soit écrit en entier de la main du testateur, signé et daté ; les deux premières conditions s'y trouvent ; mais la troisième manque. Le testament n'est pas

daté : voyez plutôt. » Et il lui montra le malheureux papier, où la date était restée en blanc avec
cette mention : « Fait à Beauregard ce... 1845, »
sans indication du jour ni du mois.

« Comment, Monsieur, s'écria Mme de Savigny,
et cette omission suffit pour annuler le testament ?

— Hélas ! oui, Madame.

— Ainsi les intentions de mon mari, manifestées
depuis plus de dix ans par des actes publics, ne
pourront êtres exécutées par suite d'une inadver-
tance ou d'un oubli bien facile à comprendre dans
l'état de maladie où il se trouvait ?

— Madame, reprit l'avocat après quelques instants de réflexion, je comprends tout ce qu'a de
pénible votre position et surtout celle de l'intéressante orpheline que vous et monsieur votre mari
vous aviez l'intention d'adopter, et je m'y intéresse
vivement. Je pense aussi qu'en faisant ressortir ces
considérations aux yeux du tribunal et en lui faisant remarquer qu'il n'y a pas absolument absence
de date, mais seulement date incomplète, il ne fera
pas difficulté de publier le testament, d'en ordon-
ner le dépôt chez un notaire et de vous envoyer en
possession provisoire des biens. S'il ne se présente
personne intéressé à faire casser le testament, les
choses pourront en rester là, et votre fille se trouvera légitimement investie de la succession ; mais si
par hasard il existe des héritiers du sang du côté
de monsieur votre mari qui élèvent une contestation sur la validité du testament, je crains bien
qu'ils ne réussissent très facilement à le faire casser,
car la question a déjà été agitée, et la jurisprudence

sur ce point est à peu près fixée, c'est-à-dire que la date incomplète équivaut à l'absence de date. Dans tous les cas, ce serait matière à un procès long, difficile, et dont le résultat serait plus que douteux.

— Ainsi, Monsieur, que me conseillez-vous de faire dans l'état actuel des choses ?

— Tout simplement de ne pas vous préoccuper de l'avenir ; de présenter votre testament au tribunal, je me charge de ce soin, et de vous faire envoyer en possession. »

Ce conseil fut suivi, et le tribunal prononça l'envoi en possession, selon la conclusion de l'avocat.

Les deux dames retournèrent ensuite bien tristement à Savigny. La comtesse ne pouvait s'empêcher de penser que si Mme Labriche ne l'eût pas dissuadée d'appeler le notaire, comme elle le voulait, ce malheur ne serait pas arrivé. De son côté, Mme Labriche était agitée par des pensées qui n'étaient guère plus riantes ; elle voyait le brillant édifice de dix ans de rêves, de soins et de complaisances de toutes sortes, sur le point de s'écrouler de fond en comble. Elle essaya toutefois pendant le chemin de consoler Mme de Savigny, en lui disant que, quels que fussent les coups du sort dont elle pourrait être frappée, il lui resterait toujours une amie sur laquelle elle pourrait compter.

Mais cette protestation avait quelque chose de contraint et de froid qui n'échappa point à Mme de Savigny. Le malheur rend défiant. Elle se rappela la prédiction de son frère dans les commencements de sa liaison avec cette dame, et elle trembla de la voir bientôt s'accomplir.

Mme de Savigny fit arrêter sa voiture devant la maison de M. le maire, Mme Labriche en descendit, après avoir fait un salut respectueux mais froid à sa compagne de voyage, et Mme de Savigny rentra seule à Beauregard. Sa fille la reçut dans ses bras au moment où elle descendit de voiture; Mme de Savigny l'embrassa avec une effusion qui ne lui était pas ordinaire; Jeanne lui rendit vivement cette caresse, heureuse de retrouver dans sa mère ces marques de tendresse qu'elle en recevait autrefois, mais dont elle était entièrement privée depuis longtemps.

« Ma fille, lui dit sa mère en lui prenant le bras pour monter l'escalier, allons causer dans ma chambre ; j'ai à te dire bien des choses entre nous seules. »

Jeanne, fort intriguée de ce qu'allait lui dire sa mère, s'empressa d'aider Julie à la débarrasser de sa toilette de voyage ; puis, quand tout fut prêt, la femme de chambre s'éloigna, et la mère eut avec sa fille une longue conversation que nous allons très sommairement résumer.

« Mon enfant, dit en commençant Mme de Savigny, je ne me proposais pas de te parler sitôt des choses qui vont faire le sujet de mon entretien ; je te regardais comme encore trop jeune pour les comprendre et pouvoir les juger ; mais le chagrin donne de l'expérience et mûrit les idées. Tu as déjà eu ta part de peine : hélas ! il t'en reste bien d'autres à souffrir peut-être avant peu de temps. Que veux-tu, ma fille ! la vie n'est composée que d'illusions et de douleurs ; ce n'est pas sans raison qu'on appelle ce bas monde une vallée de larmes; aussi, bien fou serait celui qui voudrait y chercher le bonheur. »

Après ce préambule, que Jeanne avait écouté avec la plus grande attention, sans savoir où il devait aboutir, sa mère lui raconta le projet qu'avait conçu depuis longtemps Mme Labriche de la marier avec son fils Henri.

« Tiens, dit Jeanne, c'est donc pour cela que depuis quelque temps Caroline me répétait à chaque instant : « Oh ! que je voudrais être votre sœur ! « Vous le seriez pourtant si vous épousiez mon frère ; « je le voudrais bien, et maman aussi. »

— Et que lui répondais-tu quand elle te disait cela?

« — Allons, vous dites des sottises, comme à votre « ordinaire ; » et je parlais d'autre chose. En effet, je ne regardais ce propos que comme une de ses niaiseries habituelles, et je l'aurais complètement oublié si ce que vous dites ne me l'avait rappelé.

— Eh bien ! maintenant que tu sais que la chose était sérieuse, dis-moi, entre nous, que penses-tu de ce jeune homme ?

— J'avoue que je serais fort embarrassée de le dire ; car il n'a jamais un instant occupé ma pensée, si ce n'est quand il nous a débité, ces vacances, son catéchisme de bachelier ès lettres, et que vous et mon bon papa vous m'avez fait dire mon jugement sur sa science.

— Ce n'est pas de cela qu'il s'agit ; voici ce que je veux te demander : si on te le proposait pour mari, aurais-tu une disposition, un penchant, ou bien une répugnance à l'accepter ?

— Je n'ai jamais pensé au mariage, et je ne me sens pour Henri, pas plus que pour d'autres, ni répugnance ni penchant. Cependant je vous avoue

que si l'on me disait : Il faut absolument te marier,
et qu'on me laissât libre de choisir un mari, mon
choix ne tomberait pas sur Henri Labriche.

— Aimerais-tu mieux M. Gustave Porcher ? Car
je dois te dire que c'est, ou du moins c'était un de
tes prétendants.

— Pas davantage.

— Et pourquoi ?

— Parce que je ne le connais pas. Je ne l'ai vu qu'un
instant, et je ne crois pas qu'il m'ait adressé la parole.

— Ainsi, c'est entendu : tu n'as pas de penchant
pour celui-ci parce que tu ne le connais pas assez,
ni pour l'autre parce que tu le connais trop.

— Ma foi, maman, reprit Jeanne en souriant,
c'est parfaitement résumer ma pensée.

— Eh bien ! tant mieux, ma fille, je suis enchantée de te voir dans ces dispositions ; car il est probable que tu perdras bientôt ces deux prétendants.

— Oh ! je vous assure, maman, que je suis déjà
toute consolée de cette perte.

— Je le crois ; car malheureusement ce n'est pas
la seule qui te menace, et tu ne supporteras peut-
être pas avec autant de résignation celle à laquelle
nous sommes exposées. »

Alors elle lui raconta son voyage à Orléans, et la
déclaration de son avocat au sujet du testament de
son bon papa. Quand elle eut terminé, elle ajouta :
« Il est maintenant plus que probable qu'aussitôt
que M. Porcher aura connaissance du testament,
il va l'attaquer à outrance, et malheureusement il
est encore plus probable qu'il gagnera son procès.
Ainsi, ma fille, ton bon papa, qui comptait te léguer

« Ma fille, la vie n'est composée que d'illusions et de douleurs! »

8ª

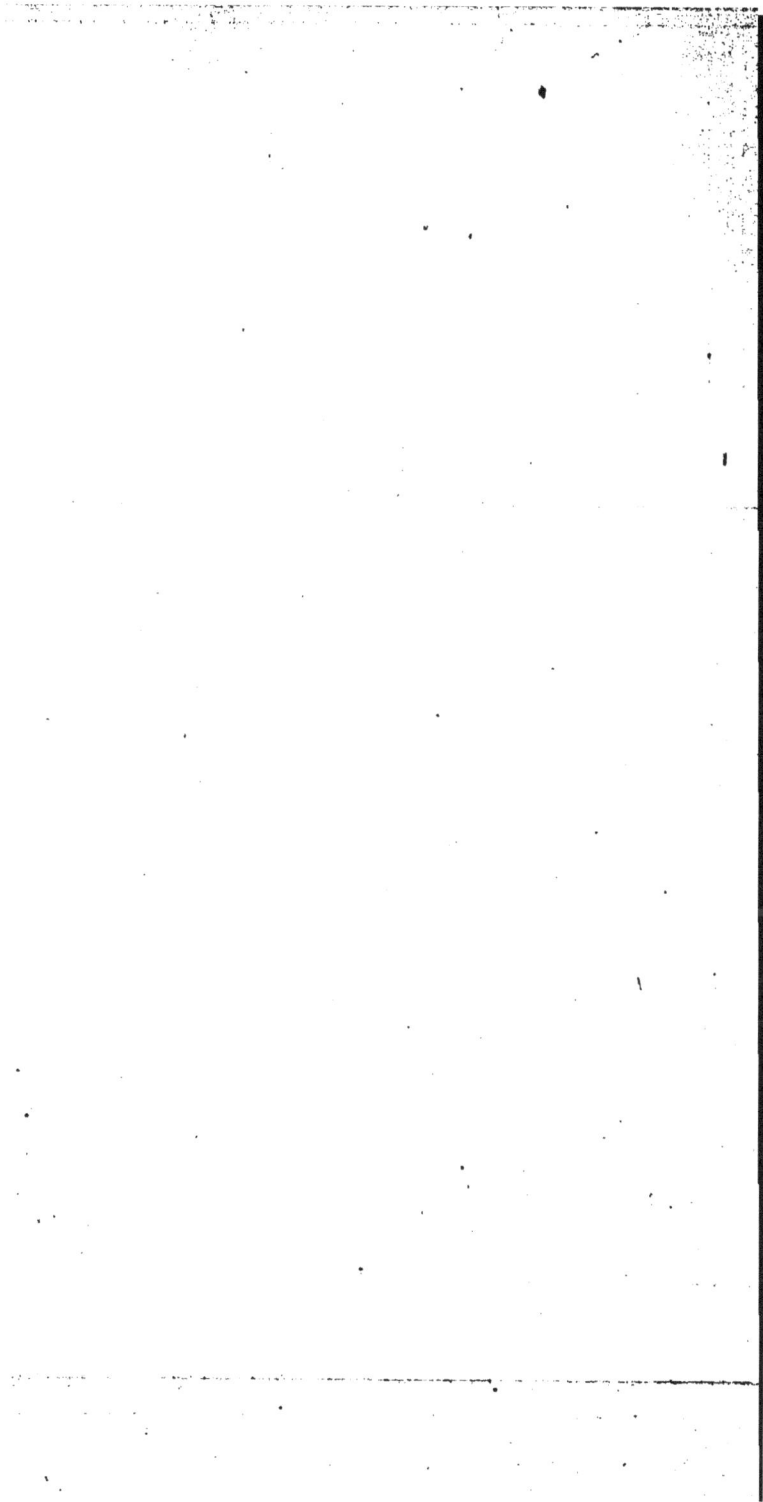

une belle fortune, ne t'aura, par le fait, et malgré
ses bonnes intentions pour toi, rien laissé du tout.

— Rien laissé, maman ? reprit Jeanne avec un
élan spontané; et ne prenez-vous pour rien la bonne
instruction qu'il m'a donnée? Les excellentes leçons
que j'ai reçues de lui resteront à jamais gravées
dans mon esprit et dans mon cœur, et, si je sais en
profiter, elles seront pour moi le plus précieux
héritage qu'il ait pu me léguer.

— Bien, ma fille, bien, dit sa mère en l'embras-
sant; je suis heureuse de te voir dans ces sentiments;
tâche de les conserver, car nous aurons besoin l'une
et l'autre de courage, quand il nous faudra quitter
cette maison, ces délicieux jardins, ce beau domaine
où nous avons passé ensemble de si beaux jours.

— Je conviens que je ne les quitterai pas sans
regrets; mais Dieu me donnera la force et la consolation nécessaires. Et d'ailleurs n'avons-nous pas en
ce moment un intercesseur auprès de lui qui prie
pour nous, qui veille sur nous ? Cette pensée, que
mon bon oncle le curé m'a suggérée après la mort
de bon papa, a été dès lors mon principal soutien;
je ne prie plus pour lui, je l'invoque comme un saint.
Si aujourd'hui nous sommes privées des biens ter-
restres que ce vénérable père voulait nous laisser,
apparemment c'est pour nous en dédommager d'une
autre manière.

— J'admire ta résignation, ma fille, et j'avoue que
la mienne est loin de l'égaler ; mais enfin, quand
on nous aura enlevé ce magnifique héritage, comment vivrons-nous? car ce n'est pas le modique
revenu de mon douaire et le mobilier qui doit me re-

venir qui pourront suffire à notre entretien commun.

— Oh! ma bonne mère, ne vous tourmentez pas ainsi d'avance :

Dieu laissa-t-il jamais ses enfants au besoin?

« Soyez tranquille, nous ne manquerons jamais du nécessaire. Tenez, par exemple, il me vient une idée : ne pourrions-nous pas entrer toutes deux, en qualité de pensionnaires libres, au couvent où vous avez été élevée? Votre douaire suffirait pour payer votre pension, et moi je ferais comme vous faisiez autrefois, je donnerais des leçons pour payer la mienne. C'est alors que je pourrais me servir utilement du plus précieux héritage que m'aura laissé bon papa, héritage qui me suivra partout, et que ni les envieux ni les procès ne pourront m'enlever.

— Oui, ma chère enfant, tu as là une excellente idée, et c'est Dieu sans doute qui t'inspire : eh bien, préparons-nous à la mettre à exécution, car le plus tôt qu'on exécute les bonnes résolutions est toujours le meilleur. Maintenant embrasse-moi et séparons-nous ; nous avons l'une et l'autre besoin de repos. »

Quand Jeanne fut sortie, Mme de Savigny versa d'abondantes larmes, qu'elle avait eu bien de la peine à retenir en présence de sa fille, larmes tout à la fois d'attendrissement et de regret ; puis elle s'écria en levant les yeux au ciel : « O mon Dieu, quel trésor vous m'avez donné dans cette enfant ! jusqu'ici je n'en connaissais pas tout le prix, et j'ai été sur le point de le sacrifier! O mon Dieu, pardonnez-moi à cause d'elle, car elle vaut mille fois mieux que moi. »

VIII

Un procès à qui perd gagne.

Lorsque dans les grandes catastrophes de la vie on a fini par prendre un parti qui paraît le seul moyen de salut, on s'y arrête avec complaisance, on désire presque voir arriver l'événement qui nous forcera à mettre ce nouveau projet à exécution. Telle était la situation de Mme de Savigny et de Jeanne pendant les jours qui suivirent la conversation dont nous venons de rendre compte. Mme de Savigny regardait l'idée de Jeanne comme une véritable inspiration du Ciel ; Jeanne était heureuse de voir sa mère se disposer à entrer avec résignation dans la voie qu'elle lui avait elle-même indiquée; et toutes deux attendaient maintenant avec calme les événements qui allaient survenir.

Dans un premier moment, Mme de Savigny voulait même les prévenir et mettre sur-le-champ à exécution l'idée de Jeanne, en se retirant immédiatement au couvent, et en abandonnant une partie qu'elle ne pouvait espérer de gagner. Son frère le curé l'en détourna. Tout en approuvant entièrement leur résolution, il fut d'avis qu'il ne fallait pas y mettre de précipitation.

« Vous êtes, dit-il à sa sœur, exécutrice testamentaire des dernières volontés de votre mari ; vous devez jusqu'au bout défendre les intérêts de votre fille adoptive ; vous devez démontrer clairement à tous que les intentions de votre mari ont toujours été d'adopter cette enfant et de lui laisser sa fortune, et que si l'acte par lequel il a manifesté ses dernières volontés est entaché de quelque vice de forme, il n'en est pas moins la fidèle expression de ces mêmes volontés. Agissez ainsi, et les juges, tout en vous condamnant parce que le texte de la loi les y force, vous plaindront, vous et votre pupille, et l'opinion publique partagera ce sentiment. Au contraire, abandonner la lutte sans combat, ce serait en quelque sorte reconnaître vous-même que le testament de votre mari n'était pas un acte sérieux, et peut-être qu'il ne l'avait écrit que dans un moment de faiblesse et cédant aux influences et aux obsessions dont il était entouré. »

Cédant à cet avis, Mᵐᵉ de Savigny se résolut, bien malgré elle, à soutenir le combat.

Il ne tarda pas à s'engager. Un mois ne s'était pas encore écoulé depuis la mort de son mari, lorsqu'elle reçut à la requête du sieur Porcher, ex-avoué, une assignation à comparaître devant le juge pour *voir dire* que le testament du sieur Porcher *dit* Savigny, son cousin, dont elle poursuivait l'exécution, était nul et de nul effet, etc. etc. Suivaient une page ou deux de conclusions,

Mme de Savigny porta cette pièce à son homme
de loi. Cette fois elle était accompagnée de sa fille;
maintenant elle ne pouvait plus se passer de Jeanne.
Jusqu'à présent elle l'avait traitée comme une enfant
sans conséquence, à qui elle ne se serait pas avisée
de confier un secret ni de demander un conseil.
Depuis l'entretien dont nous avons parlé, Jeanne
s'était élevée dans son esprit à une hauteur extraordinaire; Mme de Savigny la traitait à présent comme
une amie intime, comme une sœur, à qui elle ne
cachait aucune de ses pensées, et qu'elle consultait
dans toutes les occasions importantes.

« Mesdames, leur dit l'avocat quand il les vit entrer
dans son cabinet, je vous attendais avec impatience.
Je suis chargé de la part de votre adversaire de
vous proposer une transaction qui mettra fin au
procès d'une manière avantageuse pour vous. M. Porcher le père sort d'ici il n'y a qu'un instant, et voici
ce qu'il m'a dit : « C'est malgré mon fils que j'ai
« entamé ce procès; je crois que si je le poursuivais
« il en deviendrait fou. Figurez-vous que, malgré
« mon droit évident, clair comme l'article 670 du
« Code civil, il prétend que si je gagne mon procès,
« ce sera une injustice. Au fond je sais bien ce qui
« le tient : il désirerait épouser Mlle Jeanne de Belle-
« mare, la fille adoptive de mon cousin, et ce serait
« une mauvaise manière de lui faire sa cour que
« de lui intenter un procès. Au fond, nous autres
« praticiens, nous rions de ces sottes billevesées
« qui font tourner la tête des jeunes gens, et je
« rirais de celle-ci si je ne craignais que mon garçon
« ne prît la chose trop à cœur. Au fait, je n'ai que

« lui d'enfant, et je ne veux pas le contrarier au
« point peut-être de le rendre malade. Or donc,
« mon cher maître, voici ce que je propose à ma
« partie adverse par forme de transaction : Que
« Mlle Jeanne consente à épouser mon fils; auquel
« cas je consens à annuler la procédure com-
« mencée, et à reconnaître la validité du testa-
« ment. » Voilà, Mesdames, ajouta l'avocat, la
« proposition dont il m'a chargé : c'est à vous de
« décider.

— Parle, ma fille, dit Mme de Savigny, c'est toi
que cela regarde; tout ce que tu répondras, je l'ap-
prouverai.

— En ce cas, maman, ma réponse sera bientôt
faite : je ne saurais accepter les conditions de
M. Porcher.

— Comment, Mademoiselle, mais y pensez-vous?
s'écria l'avocat stupéfait : songez donc que votre
procès est aux trois quarts et demi perdu, s'il ne
l'est pas entièrement. Vous trouvez une occasion de
vous en tirer d'une manière on ne peut plus avantageuse et parfaitement honorable, et vous refusez!
Mais c'est de la démence! Madame, je vous en prie,
faites revenir votre fille sur une décision dont elle
ne comprend ni l'importance ni la portée.

— Ma fille a parfaitement compris, Monsieur,
qu'on voulait faire de sa main en quelque sorte
l'appoint d'un marché ou de ce que vous appelez une
transaction; qu'en acceptant une pareille condition,
sans savoir si l'époux qu'on lui propose lui convient,
c'était aliéner sa liberté, et s'exposer ou à manquer
à cet engagement, ou à l'accepter à contre-cœur, ce

qui dans l'un et l'autre cas répugne à sa délicatesse.

— Mais, Madame, je vous assure que c'est un jeune homme parfaitement honorable, et qui, je puis vous l'affirmer, fera un jour l'honneur du barreau de Paris. Ceci demande donc réflexion : à moins toutefois que Mademoiselle n'ait des engagements d'autre part; alors seulement je pourrais, à la rigueur, comprendre un pareil refus.

— Monsieur, je puis vous affirmer à mon tour que ma fille est libre, parfaitement libre de tout engagement, et que son refus n'a pas d'autre motif que celui que je vous ai donné. »

L'avocat voulut encore insister; mais ce fut en vain.

« Je souhaite, leur dit-il en les quittant, que vous n'ayez pas à vous repentir plus tard du refus que vous faites en ce moment. »

Le procès suivit son cours, mais avec lenteur. L'ex-avoué, qui seul mettait quelque activité à la poursuite, était tombé malade, et ne s'occupait presque plus de cette affaire; son fils, qui était retourné à Paris, ne s'en occupait pas du tout. Enfin ce fut après plus d'un an que, de remise en remise, le procès fut jugé, en novembre 1847. Le testament fut déclaré nul, mais avec des considérants qui prouvaient que les juges n'avaient appliqué qu'à regret le texte de la loi.

Le vieux Porcher ne put jouir de son triomphe : il mourut le même jour où le jugement fut rendu.

En apprenant la décision des juges, à laquelle, du reste, elles étaient toutes préparées, Jeanne et

sa mère ne firent pas entendre la moindre plainte,
et ne songèrent plus qu'à faire les dispositions nécessaires pour exécuter leur projet de retraite dans
un couvent.

Depuis la mort de M. de Savigny, ces dames avaient
vécu dans un isolement presque complet; elles ne
voyaient habituellement que M. le curé, qui ne manquait jamais de les visiter chaque jour, et de temps
en temps la femme du médecin. Depuis longtemps
Mme Labriche avait cessé de paraître à Beauregard
et d'y envoyer Caroline.

La dernière fois que celle-ci avait vu son amie,
elle était bien triste, et lui avait dit, le cœur gros de
soupirs et les yeux pleins de larmes : « Maman ne
veut plus que je vienne vous voir; elle ne veut plus
que vous soyez ma sœur et que vous épousiez mon
frère.

— Eh bien! ma bonne Caroline, avait répondu
Jeanne, il faut obéir à votre mère.

— C'est bien dur pour moi; j'avais espéré que
mon frère ferait changer maman d'avis, car il disait
aussi dans le temps qu'il voulait bien se marier avec
vous; mais, quand je lui en ai parlé, il m'a ri au nez
et m'a répondu: « Je l'épouserai quand elle aura
gagné son procès. »

Jeanne raconta cette conversation à sa mère, tout
en plaignant et en regrettant sa bonne Caroline.
Mme de Savigny baissa la tête et soupira en pensant
qu'elle avait accordé son amitié et sa confiance à une
pareille femme.

Un mois s'était écoulé depuis le prononcé du jugement, et on ne l'avait pas encore signifié. Mme de Savigny en était tout étonnée, et elle en parlait un jour avec son frère pendant une de ses visites quotidiennes, quand tout à coup on annonça la visite de son avocat.

« Mesdames, leur dit-il en entrant, vous voyez en moi un messager de bonnes nouvelles, et c'est pourquoi je n'ai voulu confier à personne la mission de vous les annoncer. Je vous apporte le désistement authentique de M. Gustave Porcher à toute poursuite tendant à l'annulation du testament de M. de Savigny; la renonciation formelle aux bénéfices du jugement déjà intervenu dans cette affaire; enfin la déclaration explicite, faite par-devant notaire, qu'il reconnaît comme vrai et valide le testament olographe de M. de Savigny conçu en ces termes, etc.; par conséquent, il s'interdit expressément de faire toute opposition contre l'exécution dudit testament, qui devra sortir son plein et entier effet, s'engageant, etc.; renonçant, etc... Je me dispense, Mesdames, ajouta l'avocat, de vous lire ces formules un peu barbares de la pratique; mais ce qu'il y a de plus remarquable dans tous ces actes, c'est qu'ils sont faits expressément sans condition aucune, et présentés non comme des actes de générosité de la part du signataire, mais comme des actes de justice et d'équité, et uniquement pour satisfaire à ce que lui prescrit sa conscience. C'est ce qu'il m'a bien expliqué de vive voix, en me remettant ces pièces et en me recommandant fortement de vous faire bien comprendre que vous ne devez lui avoir aucune obligation pour ce qu'il a fait, parce qu'il l'aurait fait pour tout autre qui se serait trouvé dans le même cas; qu'en un mot il a accompli son devoir, qu'il n'a eu aucun mérite à le faire, et que par conséquent on n'a pas à lui en savoir gré. »

Les trois auditeurs de l'avocat croyaient rêver; mais les pièces authentiques étaient là revêtues de toutes les formalités légales, et leur langage muet était encore plus éloquent que la parole de l'avocat. Il se fit un instant de silence, que Mme de Savigny rompit la première. « En vérité cela me confond. Je ne puis m'empêcher pour ma part d'admirer la délicatesse du procédé de M. Gustave; mais, de notre côté, je ne sais pas si nous devons accepter...

— Ah! Madame, pour cette fois, interrompit vivement l'homme de loi, vous me permettrez de vous dire que ce serait pousser la délicatesse un peu trop loin; je vous demande alors ce que deviendra la succession de monsieur votre mari si vous n'en voulez point; car je vous déclare formellement que M. Gustave Porcher n'en veut pas davantage. Ainsi, ce sera une succession vacante, qui tombera dans le domaine de l'État. Allons, Madame, pas de faux scrupule, ici il n'y a pas à en avoir; vous seriez moins étonnée si vous connaissiez M. Gustave comme je le connais. C'est un jeune homme qui ne ressemble guère à la plupart de nos jeunes gens d'aujourd'hui; il est profondément religieux de foi et de pratique; il fait partie de la société de Saint-Vincent-de-Paul; son extrême délicatesse s'offenserait à bon droit, et il serait au désespoir d'apprendre que vous lui supposez, dans ce qu'il a fait, quelque arrière-pensée contraire à ce qu'il a ouvertement déclaré.

— Permettez-moi, monsieur l'avocat, dit le curé, de vous répondre au nom de ma sœur et de ma nièce; si j'interprète mal leurs pensées, elles sont là pour me redresser.

« Ces dames ont été vivement touchées du noble procédé de M. Gustave Porcher; il a beau chercher à en atténuer le mérite, elles le comprennent et l'apprécient. Mais M. Gustave n'est pas le seul qui dans cette occasion ait à compter avec sa conscience. Si ma nièce a refusé sa main à M. Gustave quand on en faisait le prix d'un marché, aujourd'hui qu'on ne lui impose aucune condition, elle pense peut-être qu'elle ne doit recevoir un cadeau pareil à celui que veut lui faire M. Gustave que de la main d'un époux; ma sœur croit donc devoir autoriser la recherche que M. Porcher pourra faire de la main de sa fille, si ses intentions sont les mêmes qu'autrefois. Alors chacun de part et d'autre sera parfaitement libre, et les consentements n'y seront ni imposés ni forcés. »

Mme de Savigny acquiesça à tout ce que venait de dire son frère, tant en son nom qu'en celui de sa fille.

L'avocat s'empressa de faire part à M. Gustave du résultat de sa visite. Le lendemain il se présentait à Beauregard; quinze jours après les bans étaient publiés, et la semaine suivante M. Porcher épousait Mlle Jeanne de Bellemare.

Quelques jours avant la célébration du mariage, M. le maire transmit à Mme de Savigny un paquet venant du ministère des affaires étrangères, et contenant les pièces suivantes, envoyées par le consul de France de Calcutta : 1° une expédition de l'acte de décès de M. de Bellemare, ancien négociant français, mort à Delhi, en 1840; 2° l'inventaire de sa succession recueillie par les consuls de France au profit des héritiers français du défunt. L'actif net de sa succession se montait à quarante et quelques mille livres sterling: sur quoi il y aurait à payer les droits envers le gouvernement anglais, et le change sur les différentes places pour toucher ce montant à Paris; ce qui pourrait le réduire à la somme ronde de quarante mille livres, c'est-à-dire un million de francs.

Quand M⁰ᵉ Labriche apprit cette nouvelle, elle s'écria :

« Dire que c'est nous qui avons tiré les marrons du feu ! Ah ! si j'avais su, quand mon mari écrivait au ministère, qu'on aurait une pareille réponse, Mˡˡᵉ Jeanne ne s'appellerait pas aujourd'hui M⁰ᵉ Porcher ! Un million, c'était bien joli. »

Elle se consola en pensant que son mari, qui s'était proclamé républicain de la veille le lendemain de la révolution de février, allait être nommé représentant du peuple.

Il eut quatre voix dans l'arrondissement.

FIN

TABLE

PREMIÈRE PARTIE

I. — Vente du mobilier aux enchères, après décès et faillite. — M. et M⁰ˢ de Savigny   7

II. — Le gentilhomme ordinaire de la chambre du roi Charles X.   21

III. — Le curé de Verneuil. — Son récit.   39

IV. — Suite du récit du curé de Verneuil.   54

V. — Où nous voyons paraître pour la première fois l'orpheline de Verneuil   69

DEUXIÈME PARTIE

I. — La maison de Beauregard. — M. le curé de Savigny.. . .   83

II. — Arrivée à Beauregard de l'orpheline de Verneuil. — Sensation qu'elle y produit.   96

III. — Politique, prévoyance et flatterie de Mᵐᵉ Labriche . . .   113

IV. — Éducation de Jeanne   122

V. — La réhabilitation. — Jeanne à l'âge de quinze ans. — La science d'un bachelier ès lettres.   138

VI. — Le prétendant.   153

VII. — Testament et mort de M. de Savigny. — Un cas de nullité dans le testament. — Refroidissement de Mᵐᵉ Labriche. — Entretien de Mᵐᵉ de Savigny et de sa fille.   167

VIII. — Un procès à qui perd gagne   181